Selbsthilfe Krebs. Wege zur standardisierten Selbsthilfe.

Ein Buch für Krebspatienten
und Ärzte sowie alle an
der Krebsbehandlung
beteiligten Berufsgruppen

Herausgegeben von
E. Bergemann, J. Sehouli,
R. Sommer, W. Lichtenegger

Onkologisches Patientenseminar
Berlin-Brandenburg e.V. (OPS)
Nord-Ostdeutsche Gesellschaft
für Gynäkologische Onkologie e.V.
(NOGGO)

akademos

Herausgeber
E. Bergemann
J. Sehouli
R. Sommer
W. Lichtenegger

Onkologisches Patientenseminar
Berlin-Brandenburg e.V.
Selbsthilfeorganisation im
Universitätsklinikum Charité
Campus Virchow-Klinikum
Mittelallee 1
Augustenburger Platz 1
13353 Berlin

Wichtiger Hinweis
Vor der Verwendung eines jeden Medikamentes müssen der zugehörige wissenschaftliche Prospekt und der Beipackzettel mit den Angaben in diesem Buch verglichen werden. Denn neue Erkenntnisse über Toxizität, Dosierung, Applikationsart und Intervall können jederzeit zu anderen Empfehlungen führen. Außerdem sind neue Resultate aus klinischen Studien nicht direkt auf den klinischen Alltag übertragbar. Ferner sind Druckfehler trotz aller Sorgfalt nicht sicher vermeidbar. Für etwaige inhaltliche Unrichtigkeiten des Buches übernehmen Herausgeber und Verlag keinerlei Verantwortung oder Haftung.

Gestaltung
bb gestaltung, Berlin

Lektorat
Ines Kemper, Dr. Kai J. Bühling

1. Auflage 2001

ISBN 3-934410-24-3

Selbsthilfe Krebs. Wege zur standardisierten Selbsthilfe.

Ein Buch für Krebspatienten
und Ärzte sowie alle an
der Krebsbehandlung
beteiligten Berufsgruppen

Die Buchbeiträge sind teilweise
aus den Vorträgen auf dem
Kongress »Selbsthilfe Krebs«
am 13./14. Oktober 2000 in der
Berliner Charité zusammengestellt

Herausgegeben von
E. Bergemann, J. Sehouli,
R. Sommer, W. Lichtenegger

Onkologisches Patientenseminar
Berlin-Brandenburg e.V. (OPS)
Nord-Ostdeutsche Gesellschaft
für Gynäkologische Onkologie e.V.
(NOGGO)

akademos

Inhaltsverzeichnis

Geleitworte

Ulla Schmidt

Bundesministerium für Gesundheit

In der Bundesrepublik Deutschland erkranken jedes Jahr ca. 338 000 Menschen an Krebs. Die Tendenz ist steigend. Dadurch wird die Krankheit Krebs immer mehr zu einer großen gesundheitspolitischen Herausforderung. Beim Umgang mit der Erkrankung ist eine gute medizinische Versorgung sicher der wichtigste Aspekt. Nicht minder bedeutsam ist jedoch eine qualifizierte psychosoziale Betreuung und Begleitung der Patientinnen und Patienten.

Das Onkologische Patientenseminar Berlin-Brandenburg e.V. (OPS e.V.) im Universitätsklinikum der Berliner Charité bemüht sich seit neun Jahren, die Situation der an Krebs erkrankten Menschen zu verbessern. Krebspatienten selbst, ihre Angehörigen, die behandelnden Ärzte sowie andere an der Krebsbehandlung beteiligte Berufsgruppen schufen eine Form von Solidargemeinschaft, die neue Perspektiven und Wege eröffnet.

Heute ist die Selbsthilfe ein integraler Bestandteil unseres Gesundheitswesens. Staat und Medizin können nicht alle Gesundheitsbedürfnisse alleine erfüllen. Wir brauchen das individuelle Engagement der Bürger zum Wohle der Menschen und zur Weiterentwicklung unseres Sozialstaates. Deshalb ist es ein wichtiges Anliegen der Bundesregierung, die Selbsthilfe zu stärken und zu unterstützen.

Die Verbesserung der finanziellen Rahmenbedingungen durch den Ausbau der Förderung im Sozialgesetzbuch V war ein erster wichtiger Schritt. Die zurzeit noch auftretenden Probleme bei der Umsetzung werden sich bei gutem Willen aller Beteiligten bald lösen lassen. Es handelt sich um Anlaufschwierigkeiten, die häufig mit neuen Entwicklungen verbunden sind. Das Bundesministerium für Gesundheit wird den weiteren Verlauf aufmerksam beobachten.

Selbsthilfe sollte nicht nur Betroffene und ihre Angehörigen über die Krankheit informieren, nicht nur Mittler zwischen der Ärzteschaft sowie den Patientinnen und Patienten sein. Sie sollte sich auch aktiv in der Öffentlichkeit für die Rechte und Pflichten der Patienten einsetzen.

Die jüngst abgeschlossene Ausschreibung des Bundesministeriums für Gesundheit »Der Patient als Partner im medizinischen Entscheidungsprozess« im Rahmen des Modellprogramms zur Förderung der medizinischen Qualitätssicherung trägt diesem Aspekt in besonderer Weise Rechnung. Ziel der Fördermaßnahme wird es sein, modellhaft zu erproben, wie das Ziel einer partnerschaftlichen Beteiligung von Patientinnen und Patienten an der medizinischen Entscheidungsfindung realisiert werden kann.

Aller Voraussicht nach werden - unter Beteiligung von Selbsthilfeorganisationen – im Rahmen dieser Förderung auch Themen mit Bezug zu Krebserkrankungen aufgegriffen. Das gemeinsame Bemühen der Selbsthilfe und der Bundesregierung, die Mit- und Eigenverantwortung der Patientinnen und Patienten im Gesundheitswesen zu stärken, erhält dadurch einen neuen wichtigen Impuls.

Prof. Dr. Joachim Wolfram Dudenhausen

Dekan der Charité
Medizinische Fakultät der Humboldt-Universität zu Berlin
Direktor der Klinik für Geburtsmedizin der Charité

Als Dekan der Berliner Charité begrüsse ich die Initiative der Bundesregierung, Patienten als aktive Partner im Gesundheitswesen zu fördern. Auch für die Charité ist besonders die Selbsthilfe Krebs ein integraler Bestandteil ihrer Hochschulpolitik.

Schon vor der Gesundheitsreform 2000 hatte sie ihre Infrastruktur dem Onkologischen Patientenseminar Berlin-Brandenburg e.V. zur Verfügung gestellt. In »Team Charité«, dem Magazin für Mitarbeiterinnen und Mitarbeiter der Charité, publizieren Krebspatienten gemeinsam mit ihren Ärzten zu Themen wie »Krebsmedizin 2000« (2000/2, 21) oder zum Welthospiztag (2001 / 1, 6). In der Reihe »Kunst in der Charité« veranstalten sie Klavier- und Orchesterkonzerte. Medizinische Kongresse, Fortbildungen und Seminare zum Autogenen Persönlichkeitstraining (APT) bereichern die Veranstaltungen für die Bevölkerung von Berlin-Brandenburg. Gemeinsam denken Ärzte und Patienten über ein »Neues Arzt-Patientenverhältnis« oder »Wahrheit am Krankenbett« nach.

Bundesgesundheitsministerin Ulla Schmidt sagte auf dem Deutschen Ärztetag am 22. Mai 2001: »Unser Gesundheitswesen muss auf Veränderungen Antworten geben. Denn eines ist klar, die Reformen können nur gelingen, wenn sie von allen gemeinsam getragen werden. Dazu gehört auch die Gesundheitsreform 2000 mit dem § 20, Abs. 4, SGB V«.

Dem Onkologischen Patientenseminar Berlin-Brandenburg e.V. wünsche ich, dass alle an der Krebsbehandlung beteiligten Berufsgruppen und Organisationen, vor allem die gesetzlichen Krankenkassen, sich auch zu dieser gemeinsamen Verantwortung bekennen.

Prof. Dr. Manfred Dietel

Ärztlicher Direktor des Universitätsklinikums Charité
Medizinische Fakultät der Humboldt-Universität zu Berlin
Direktor des Instituts für Pathologie

Von Hippokrates, der wahrscheinlich 460 - 377 v. Chr. Geburt lebte, stammt der Satz: »Unsere Kunst umfasst dreierlei, die Krankheit, den Kranken und den Arzt«. Die Krankheit »Krebs« wird zur größten medizinischen Herausforderung unserer Zeit. Die daraus resultierenden gesundheitspolitischen Probleme können weder vom Kranken noch vom behandelnden Arzt allein gelöst werden. Deshalb gehen beide mit allen an der Krebsbehandlung beteiligten Berufsgruppen in diesem Buch gemeinsam den Weg der standardisierten Selbsthilfe Krebs.

Viele Krebspatienten sehnen sich nach »ganzheitlichem Denken« in der Medizin. Die Weltgesundheitsorganisation (WHO) definiert Gesundheit nicht nur als körperliches, sondern auch als psychisches, soziales und geistiges Wohlbefinden. Auch wir Ärzte sind der Meinung, dass die Möglichkeiten der klassischen Medizin nur ein Teil des Gesamtspektrums der therapeutischen Bemühungen darstellen. Deshalb begrüßen wir das Bemühen des Onkologischen Patientenseminars Berlin-Brandenburg e.V. (OPS e.V.), Krebskranke ergänzend zur Medizin auch seelisch, sozial und geistig zu betreuen.

Dank der hohen für die Krebsforschung aufgewendeten Gelder können mittlerweile nach der Erstdiagnose etwa die Hälfte aller Krebspatienten geheilt werden. Wenn die Patienten, die nicht mehr kurativ behandelbar sind, Ergänzungen zur sog. »Schulmedizin« suchen, dann könnte es daran liegen, dass die konventionelle Medizin mehr den Körper behandelt und weniger die Persönlichkeit im Blickpunkt hat. Doch die Kunst der Medizin muss auch in Zukunft dreierlei umfassen, die Krankheit, den Kranken und den Arzt. Der Satz von Hippokrates hat gerade heute besondere Gültigkeit.

Vorwort

Im Buch »Krebsmedizin 2000 - Perspektiven«, befürworteten die Idee der Selbsthilfe Politiker, der Dekan der Charité, die Arbeitsgemeinschaft Brandenburgischer Tumorzentren, Onkologischer Schwerpunkte und Arbeitskreise, Entscheidungsträger der Krankenkassen, die Präsidenten der Deutschen und der Berliner Krebsgesellschaft, der Vorsitzende des Tumorzentrums Berlin, der Vorsitzende der Nord-Ostdeutschen Gesellschaft für Gynäkologische Onkologie e.V. (NOGGO), Ärzte aus Berlin-Brandenburg sowie verschiedene Vertreter anderer in der Krebsbehandlung tätigen Berufsgruppen.

Für die Realisierung dieser Idee schuf der Deutsche Bundestag mit der Gesundheitsreform 2000 die gesetzliche Grundlage. Am 10. März 2000 beschlossen die Spitzenverbände der deutschen Krankenkassen gemeinsame und einheitliche Grundsätze zur Förderung der Selbsthilfe gemäss § 20 Abs. 4 SGB V. Darin heißt es: »Viele Gesundheitsbedürfnisse können von der Medizin nicht oder nicht alleine erfüllt werden. Dies gilt insbesondere für die Information, Beratung und Betreuung der Betroffenen«. Leider ist die Umsetzung dieses wichtigen Gesetzes bisher nicht erfolgt!

Die Nord-Ostdeutsche Gesellschaft für Gynäkologische Onkologie e. V. will die stationäre und ambulante Versorgung der Krebspatienten und die Diagnostik, Therapie und Nachsorge interdisziplinär verbessern. Der Selbsthilfe kommt hierbei eine besondere Bedeutung zu.

Das Onkologische Patientenseminar Berlin-Brandenburg e. V. (OPS) hat seit Gründung im Jahr 1992 ehrenamtlich als erste Selbsthilfeorganisation Krebs in der Geschichte der Berliner Charité mit mehr als 340 Veranstaltungen, darunter 2 Kongressen, 57 medizinischen Fortbildungen, 144 Seminaren, zahlreichen Mitglieder-, Gruppen- und Einzeltreffen, Dichterlesungen und Konzerten, einen wichtigen Beitrag zu den geplanten Strukturveränderungen im Gesundheitswesen geleistet.

Krebspatienten helfen Krebspatienten:
Die Besucherstatistik spricht eine eindrucksvolle Sprache. Etwa 11.000 Kontakte pro Jahr mit Krebspatienten, ihren Angehörigen, den behandelnden Ärzten sowie anderen an der Krebsbehandlung beteiligten Berufsgruppen zeigen, wie effektiv die Idee der Selbsthilfe in Berlin-Brandenburg in die Tat umgesetzt wurde.

Das vorliegende Buch »Selbsthilfe Krebs« dokumentiert dieses Bemühen um Integration aller an der Krebsmedizin beteiligten Berufsgruppen. Das OPS hat sich »von Anfang an« auf den Boden der Schulmedizin gestellt, ohne den Anspruch auf ganzheitliche Medizin zu vernachlässigen. Es finanziert sich nach wie vor über Spenden und Mitgliedsbeiträge. Alle Aktivitäten erfolgen ehrenamtlich. Wir danken allen die dem OPS geholfen haben. Als erster half die Robert-Bosch-Stiftung, dann der Paritätische Wohlfahrtsverband, Landesverband Berlin. Kongresse und Fortbildungen unterstüzt die Pharmaindustrie. Die Badische Beamtenbank eG Berlin (BB/Bank) spendete dem OPS für den Aussendienst ein Auto, da Krebspatienten auch ambulant betreut werden und das OPS als Mitglied der Landesarbeitsgemeinschaft Onkologische Versorgung Brandenburg e.V. (LAGO) immer häufiger bei Kongressen in Berlin-Brandenburg sowie über Berlin-Brandenburg hinaus als Sprecher von Krebspatienten auftritt.

Auch durch Klavier-, Orgel- und Orchesterkonzerte konnten weitere Spenden gesammelt werden. Besonderer Dank gilt Prof. Heinz Schunk und seinem Orchester, sowie dem Intendanten des Berliner Konzerthauses, Prof. Dr. Frank Schneider. Bärbel Rein veranstaltete zu unseren Gunsten ein Benefizturnier im Golf- und Landclub Semlin. Auch die Berliner Senatsverwaltung für Gesundheit unterstützt uns.

Besonders danken wir dem Dekan der Charité, Prof. Dr. J. W. Dudenhausen, dem Ärztlichen Direktor, Prof. Dr. M. Dietel und vielen privaten Sponsoren, ohne die unsere bisherige Arbeit nicht möglich gewesen wäre. Wir brauchen auch in der Zukunft diese Hilfe, damit wir anderen helfen können.

Selbsthilfe kann nicht nebenberuflich praktiziert werden. Um dem hohen Anspruch der Patienten gerecht zu werden, ist eine professionelle Infrastruktur notwendig. Die Arbeit der Geschäftsstelle ist z.B. mit 11.000 Kontakten pro Jahr so umfangreich geworden, dass die Beratung von Krebspatienten sowie die Organisation und Durchführung der verschiedenen Veranstaltungen nahezu unmöglich wird. Die Krankenkassen, Organisationen und Sponsoren sind aufgerufen mit den Patienten neue Modelle zur institutionellen Förderung des OPS zu entwickeln.

Das vorliegende Buch verfolgt in eindrucksvoller Weise
das folgende Konzept:

1. Namhafte Experten der Krebsmedizin beschreiben die Standardtherapie der wichtigsten Krebserkrankungen.
2. Erfahrene Patienten und Selbsthilfeinitiativen zeigen konstruktiv

Wege auf, die Diagnose »Krebs« positiv zu bewältigen

»Selbsthilfe Krebs« versteht sich als Diskussionsforum. Über Kommentare und Verbesserungsvorschläge würden wir uns sehr freuen.

Die Subjektivität der einzelnen Beiträge sollte respektiert werden.
Erst dadurch ist Kommunikation möglich: Das gilt für die Arzt-Patienten-Beziehung ebenso wie für den Dialog zwischen allen an der Krebsbehandlung beteilgten Berufsgruppen.

Die hohe Aktualität der Beiträge konnte nur durch das besondere Engagement der Autoren erreicht werden, wofür wir uns herzlich bedanken.

Berlin, Juli 2001
E. Bergemann
J. Sehouli
R. Sommer
W. Lichtenegger

Selbsthilfe Krebs

»Der Erfolg der Selbsthilfe beruht vor allem auf Eigeninitiative und Eigenverantwortung ihrer Mitglieder.«

Selbsthilfe Krebs

Christa-Maria Blankenburg

Vorsitzende des Paritätischen Wohlfahrtsverbandes Landesverband Berlin e. V.

In der Bundesrepublik Deutschland erkranken jährlich mehr als 300 000 Menschen an Krebs. Für viele von ihnen bestehen gute Heilungschancen, aber für die Mehrzahl der Erkrankten bedeutet die Diagnose Krebs den Tod. Die steigenden Zahlen der Neuerkrankungen lassen darauf schließen, dass Krebs in wenigen Jahren die häufigste Todesursache in der Bundesrepublik sein wird. Die Krankheit Krebs wird seit langer Zeit erforscht, und die Krebsmedizin verzeichnet Erfolge im Kampf gegen die heimtückische Krankheit. In der Forschung macht sich aufgrund der neuesten wissenschaftlichen Erkenntnisse Hoffnung breit, den Krebs in einigen Jahren besiegen zu können. Hinter den statistischen Zahlen und den Ergebnissen der Forschung stehen aber Einzelschicksale von Menschen, die mit der Krankheit Krebs leben müssen und vielleicht sterben werden und ihre Angehörigen und Familien, die davon ebenfalls betroffen sind. Hinter den Zahlen steht die Angst vor einer ungewissen Zukunft.

Die Diagnose Krebs zwingt jeden Erkrankten, sich mit dem Leben und dem Sterben auseinanderzusetzen. Angehörige müssen mit dem Verlust geliebter Menschen umgehen lernen. Die medizinische Versorgung ist deshalb nur ein wichtiger Aspekt. Notwendig ist jedoch eine ganzheitliche Betrachtung des Menschen, die seine psychosoziale Situation und das Lebensumfeld einschließt.

Unser Gesundheitssystem weist Strukturbrüche auf und deshalb bin ich sehr froh, daß eine Organisation wie das Onkologische Patientenseminar eine Brückenfunktion übernimmt und die verschiedenen Professionen integriert. Mit seinen Zielen verfolgt der Verein einen hohen Anspruch.

Als Selbsthilfeorganisation von Krebspatienten für Krebspatienten bietet er Hilfen an bei individuellen Sinn- und Lebenskrisen und stellt Informationen zur Verfügung.

Wenn Krebskranke medizinisch nicht mehr geheilt werden können, gibt er Trost und leistet, wenn gewünscht, Sterbebegleitung. Mit allen Aktivitäten versucht der Verein, die Persönlichkeit und die Selbstbestimmung krebskranker Menschen und ihrer Angehörigen zu stärken.

Die Organisationen, Projekte und Einrichtungen der Freien Wohlfahrtspflege unterliegen immer stärker den Gesetzmäßigkeiten wettbewerbsorientierter Dienstleistungen. Aus Sicht des Paritätischen Wohlfahrtsverbandes muss dabei immer der Mensch im Mittelpunkt bleiben. Heutzutage ist oft die Rede von einer Stärkung des bürgerschaftlichen Engagements. Das Onkologische Patientenseminar praktiziert dies seit Jahren beispielhaft und mit einem hohen Maß ehrenamtlicher Initiative.

Das bundesdeutsche Modell des Sozialstaates ist in einer Krise. Wir brauchen Antworten auf die sozialen Herausforderungen der kommenden Jahre. Wir müssen uns der Diskussion über den Sozialstaat der Zukunft stellen, damit auch künftig Solidarität und Individualität sinnvoll ausgeglichen werden können.

Deshalb brauchen wir ein neues Leitbild unseres Sozialstaates. Aus Sicht des Paritätischen Wohlfahrtsverbandes ist es daher folgerichtig, das Subsidiaritätsprinzip stärker als bisher in den Vordergrund zu stellen.

Die öffentliche Hand hat die Aufgabe, günstige Rahmenbedingungen für Eigeninitiative, Selbsthilfe und Ehrenamtlichkeit zu schaffen.

Bei der Umsetzung der satzungsgemäßen Aufgaben wird dem Onkologischen Patientenseminar (OPS) viel an Eigeninitiative und Einsatz abverlangt. In den zurückliegenden acht Jahren hat der Verein diese Aufgabe meisterhaft bewältigt. Das darf aber nicht darüber hinwegtäuschen, dass diese Aufgaben auch den Einsatz finanzieller Mittel erfordern.

Eine Spenden- und Stiftungskultur ist in der Bundesrepublik im Vergleich zu anderen Ländern bisher wenig ausgeprägt. Wir haben im Paritätischen Wohlfahrtsverband zahlreiche Erfahrungen damit gemacht, dass die Gründung von Stiftungen mit einem hohen bürokratischen Aufwand verbunden ist, die Beschaffung von Spenden- und Stiftungsmitteln aber noch viel aufwendiger ist.

Wir setzen uns deshalb für weitergehende Reformen des Spenden- und Stiftungsrechts ein. Für uns ist es nicht nachvollziehbar, warum Spenden an privatrechtliche Stiftungen förderungswürdiger sein sollen, als Spenden an andere gemeinnützige Körperschaften. Daraus ergeben sich aus unserer Sicht zwei Forderungen:

Das Spendenrecht muß vereinfacht werden, die steuerlichen Abzugsgrenzen müssen deutlich erhöht und auf alle förderungswürdigen Zwecke gleichermaßen angewendet werden.

Für ein neues sozialstaatliches Leitbild, das den sozialen Problemen in der Bundesrepublik gerecht wird, ergibt sich daher unser Fazit:

Ein kleinlicher Staat kann von seinen Bürgern keine Großzügigkeit erwarten.

Wir sind sicher, daß weitergehende Reformen auch gemeinnützigen Organisationen wie dem Onkologischen Patientenseminar (OPS) zugute kommen.

Seit neun Jahren leistet das OPS hervorragende Arbeit, und ich gratuliere Ihnen dazu. Ich freue mich sehr, dass der Verein in diesem Jahr Mitglied unseres Verbandes geworden ist. Sie werden in uns immer einen starken Partner haben für die Unterstützung ihrer wichtigen und unverzichtbaren Aufgaben.

Heike Drees

Paritätischer Wohlfahrtsverband, Landesverband Berlin e.V.

»Selbsthilfe« ist ein Begriff, mit dem Sozial-Profis und wir als Wohlfahrtsverband inzwischen wie selbstverständlich umgehen. Doch was beinhaltet »Selbsthilfe«? Hilf Dir selbst? Selber helfen? Hilfe zum Selbst? Vielleicht von allem etwas. Wenn man den Begriff ganz genau betrachtet, dann werden in erster Linie Aspekte eines aktiven Handelns deutlich.

Vielen Menschen aber fällt genau dieses aktive Handeln schwer, besonders dann, wenn eine Krankheit den Menschen zum Patienten macht, der von Behandlung und Medikamenten abhängig ist. Ärzte und Wissenschaftler leisten sehr viel in der Bekämpfung der Krebserkrankungen und im Umgang mit den Patienten.

Mit den möglichen psychischen und sozialen Folgen wie Hilflosigkeit, Angst und Isolation sind viele Patienten allein mit sich und ihren Angehörigen. Aus dieser oft verzweifelten Situation zeigen Organisationen, wie das Onkologische Patientenseminar e.V. (OPS), individuelle Auswege. Sie schaffen Begegnungen und ein Bewusstsein über den Kreislauf des Lebens, aus dem der Tod nicht ausgeschlossen wird.

Für die mittlerweile neunjährige Arbeit des OPS möchte ich mich deshalb an dieser Stelle ganz herzlich bedanken, und ich gratuliere Ihnen zu den Erfolgen, die sie erreicht haben. Wenn ich eingangs sagte, dass »Selbsthilfe« in gewisser Hinsicht heute zur Selbstverständlichkeit geworden ist, so war dies in der Vergangenheit durchaus nicht so. In den Anfängen war es ganz und gar nicht selbstverständlich, dass Menschen mit gesundheitlichen Problemen und chronisch Kranke die Wahrnehmung ihrer Interessen in Bezug auf ihre Krankheit selbst in die Hand nahmen und mit der Gründung von Initiativen und Projekten eine aktive Rolle als Patienten anstrebten.

Heute ist von der gesetzlichen Verankerung der Patientenrechte die Rede und vom mündigen Patienten. Die Selbsthilfe hat viel erreicht und deshalb hat sie nach unserer Auffassung nichts an Dynamik verloren.

In den siebziger Jahren erfuhr sie einen Aufschwung, als vor allem die großen Selbsthilfe- und Interessensverbände gegründet wurden wie, z.B.

die Lebenshilfe für Behinderte oder die Deutsche Rheuma-Liga. Vielfach entstanden diese Organisationen als Ausdruck der Unzufriedenheit mit den tradierten Systemen der gesundheitlich-medizinischen Versorgung und der staatlich organisierten Fürsorge.

In den achtziger Jahren setzte eine Etablierung der Selbsthilfe ein. Dies geschah vor allem dadurch, dass die Politik die Selbsthilfe als wichtiges sozialpolitisches Thema erkannte. Der damalige Sozialsenator Ulf Fink rief die Aktion »Ich für Dich« ins Leben und setzte durch, dass finanzielle Mittel zur Unterstützung der Selbsthilfe zur Verfügung gestellt wurden.

Die Aktion nannte sich »Der 10-Millionen-Topf«. Bis zur Wiedervereinigung der Berliner Stadthälften wurde jährlich im Westteil der Stadt eine große Summe zur Verfügung gestellt für die sogenannte »Anschubfinanzierung« und die »Weiterförderung« der Selbsthilfe. Damit meine ich sowohl Selbsthilfegruppen als auch Projekte und Organisationen, die sich dadurch zunehmend professionalisierten. Darüber hinaus entstanden die Kontaktstellen für Selbsthilfe, die bis heute die für Selbsthilfegruppen notwendige Infrastruktur liefern. Der »10-Millionen-Topf« existiert nicht mehr. Mit erheblich weniger Geld werden in Berlin aber weiterhin Selbsthilfe-Initiativen angeschoben.

Neue Entwicklungen der sozialen Arbeit gingen in den letzten zwanzig Jahren auch von professionellen Kräften wie Psychologen, Ärzten und Sozialarbeitern aus, die sich für verbesserte Lebensbedingungen ihrer Patienten und Klienten einsetzten. Heute ergänzen sich die professionellen Systeme und die Selbsthilfe zu einer ganzheitlichen Betrachtung des Menschen und vor allem die Gesundheits-Selbsthilfe ist wissenschaftlich anerkannt als notwendige Ergänzung des medizinisch-ärztlichen Handelns.

Denn es ist nachweisbar, daß selbstbestimmtes Handeln den Krankheitsverlauf und die Krankheitsdauer positiv beeinflußt und zu einer verbesserten Lebensqualität der Patienten führt.

Für Menschen mit chronischen Erkrankungen ist dieser Grundsatz lebensbestimmend.

In den zurückliegenden 25 bis 30 Jahren ist der Paritätische Wohlfahrtsverband durch einen Zulauf der entstandenen und immer noch entstehenden gemeinnützigen freien Träger, zu denen auch die großen Selbsthilfeverbände gehören, enorm gewachsen. Von uns als Spitzenverband erwarten die Organisationen Unterstützung durch Öffentlichkeitsarbeit, Informationsvermittlung, Hilfe bei Absicherung der finanziellen Ressourcen, Beratung und Unterstützung bei den immer aufwendiger werden den administrativen Aufgaben, die bei vielen Projekten im ehrenamtlichen Vorstand bewältigt werden müssen. Wir stellen dabei die erforderlichen Dienstleistungen zur Verfügung.

Das Land Berlin ist gemäß seiner Verfassung, Artikel 22, verpflichtet, im Rahmen seiner Kräfte, die soziale Sicherung zu verwirklichen. Soziale Sicherung soll eine menschenwürdige und eigenverantwortliche Lebensgestaltung ermöglichen. Weiter heißt es, daß die Errichtung und Unterhaltung von Einrichtungen für die Beratung, Betreuung und Pflege im Alter, bei Krankheit, Behinderung, Invalidität und Pflegebedürftigkeit, sowie für andere soziale und karitative Zwecke staatlich zu fördern sind, unabhängig von ihrer Trägerschaft.

Das hört sich gut an, denn danach besteht ein Grundrecht auf selbstbestimmtes Handeln. Fragt sich nur, wie die Unterstützung und Förderung in der Praxis aussieht.

Die Unterstützung der Selbsthilfe, der psychosozialen Beratung und der Gesundheitsförderung für chronisch kranke Menschen erfolgt überwiegend durch Zuwendungsfinanzierung auf der Basis der Landeshaushaltsordnung.

Diese Art der Finanzierung erfolgt nach dem Prinzip des »Gnadenrechts«, d.h. die Träger der Angebote und damit auch die Nutzer haben keinen Anspruch auf eine finanzielle Förderung über den Förderzeitraum eines Jahres hinaus.

Die finanzielle Situation des Landes Berlin hat sich in den vergangenen Jahren zusätzlich dramatisch verschlechtert. Das hat Auswirkungen in allen Bereichen. Für unseren Verband bedeutet dies verstärkte Anstrengungen einer qualifizierten Lobbyarbeit und effektive Dienstleistungen für die uns angeschlossenen Organisationen.

1993 wurde von den Wohlfahrtsverbänden in Berlin und der Senatsverwaltung für Gesundheit und Soziales ein gemeinsamer Ausweg aus der finanziellen Misere angestrebt.

Dadurch kam es zu einem bis heute bundesweit einmaligen Vertrag über die »eigenverantwortliche Verwaltung und Vergabe von Mitteln des Landes Berlin zur Förderung von Projekten der gesundheitlichen und sozialen Versorgung und der sozialen Arbeit in Berlin« durch die Wohlfahrtsverbände.

Das hat für die Verbände und eben auch für den Paritätischen Wohlfahrtsverband eine Mitverantwortung bei Planungs- und Steuerungsaufgaben zur Folge, was nicht immer ganz einfach ist. Dennoch konnten erforderliche Steuerungsprozesse zur Anpassung der sozialen und gesundheitlichen Versorgungsangebote an den Bedarf bewältigt werden.

Für die vertraglich heute mehr als 200 zusammengefassten Projekte mit gesamtstädtischer Bedeutung, hat der Vertrag vor allem die Planungs- und Finanzierungssicherheit erhöht. In diesen Projekten engagieren sich viele ehrenamtliche Mitarbeiter, sowohl in der Selbsthilfe als auch in der Vorstandsarbeit.

Die Arbeit der Projekte und der Selbsthilfe-Initiativen wird von den Wohlfahrtsverbänden evaluiert, es wurde eine standardisierte Berichterstattung entwickelt und eine Leistungsdokumentation erarbeitet.
Der Paritätische Wohlfahrtsverband hat mit seinen Organisationen Qualitätsgemeinschaften gegründet.

Der Sozialstaat bundesdeutscher Prägung befindet sich in einem umfassenden Veränderungsprozess.

Wir brauchen Antworten und Konzepte auf die sozialen Fragen der Zukunft und auf die Herausforderungen, vor denen die Gesundheitspolitik steht.

Die Organisationen, Einrichtungen und Dienste der freien Wohlfahrtspflege haben eine Verantwortung bei der Mitgestaltung und der Entwicklung unseres Sozialstaates. Und sie nehmen diese Verantwortung wahr.

Für Menschen mit chronischen Erkrankungen führt die Trennung des ambulanten und stationären Sektors im Gesundheitswesen zu großen Problemen, die eine optimale Versorgung verhindern.

Organisationen wie das Onkologische Patientenseminar e.V. (OPS) sind auch deshalb so notwendig, weil sie sich diesen Problemen stellen und im Interesse und zum Wohle der Patienten Strukturbrüche überbrücken.

Hier werden wertvolle Erfahrungen für eine dringend erforderliche Weiterentwicklung unseres Gesundheitssystems gesammelt und wertvolle Beiträge für die Gesundheitspolitik geleistet.

Heute ist zunehmend die Rede von neuen Leitbildern, die unser Sozialstaat braucht, und von einer notwendigen Entwicklung, die das Leitbild eines eher fürsorgenden Sozialstaates durch eine Bürger- und Zivilgesellschaft ersetzen soll. Damit einher geht die Stärkung des Ehrenamtes.

Allerdings sehen sich die Freien Träger und Selbsthilfeorganisationen zunehmend vor die Aufgabe gestellt, Strukturbrüche im Gesundheits- und Sozialwesen durch ihre Angebote kompensieren zu müssen.

In die Neufassung des § 20, Abs.4, SGB V, wurden deshalb große Hoffnungen gesetzt, die sich bisher nicht erfüllt haben. Die Krankenkassen sollen »Selbsthilfegruppen, -organisationen und -kontaktstellen fördern, die sich die Prävention oder die Rehabilitation von Versicherten bei bestimmten Krankheiten zum Ziel gesetzt haben«. Tumorerkrankungen sind in das Verzeichnis der Krankheitsbilder von den Kassen aufgenommen worden.

Auf Bundesebene haben sich die Spitzenverbände der Krankenkassen im Frühjahr 2001 auf gemeinsame und einheitliche Grundsätze zur Förderung der Selbsthilfe geeinigt.

In Berlin ist dies bisher nicht der Fall. Nachfragen bei den uns angeschlossenen Organisationen haben ergeben, daß die Krankenkassen in Berlin mit Hinweis auf ihre eigene schwierige Finanzlage kaum Möglichkeiten einer finanziellen Förderung sehen.

Wir werden die Berliner Krankenkassen noch in diesem Jahr zu einem Gespräch über die Umsetzung des § 20 einladen, denn die derzeitige Situation ist keinesfalls zufriedenstellend.

Wir bieten den Krankenkassen den Dialog mit uns an, d.h., sich mit uns gemeinsam an der Finanzierung der Projekte der gesundheitlichen Versorgung und Selbsthilfe im Rahmen unseres treuhänderischen Vertrages zu beteiligen. Die Sockelfinanzierung ist da. Gemeinsam mit den Kassen könnten Innovation und Weiterentwicklung in diesem Sektor erfolgen. Die Kassen müssen dabei nicht befürchten, daß der andere Partner sich aus seiner Verpflichtung zurückzieht. Wir gehen davon aus, dass dies eine Investition in die Zukunft ist.

Heutzutage setzen sich auch im sozialen und gesundheitlichen Bereich immer stärker wettbewerbsorientierte Dienstleistungen durch. Im Mittelpunkt muß in jedem Falle der Hilfebedürftige, der Benachteiligte, der Patient bleiben.

Es ist nicht Sache der Selbsthilfe, Möglichkeiten der Kosteneinsparung in anderen Bereichen aufzuzeigen.

Prof. Dr. Dieter Huhn

Direktor Klinik für Hämatologie und Onkologie,
Charité, Campus Virchow-Klinikum

Das Onkologische Patientenseminar Berlin-Brandenburg e.V. (OPS) wurde am 14. Oktober 1992 gegründet. Es stellte sich als wichtigste Aufgabe, die Aufklärung der Patienten über ihre Erkrankung und über die Behandlungsmöglichkeiten zu verbessern. Dies soll durch Fachleute geschehen, die über fundierte Kenntnisse der jeweiligen Erkrankungen verfügen. Es war für das Patientenseminar niemals ein Problem, derartige Fachkräfte für Vorträge oder Diskussionsveranstaltungen zu gewinnen, da das Seminar stets die breite und selbstlose Unterstützung durch entsprechende Facheinrichtungen in Berlin hatte. Im wesentlichen wird es aber von Patienten selbst getragen. Diese haben im Vorstand die Mehrheit, schlagen die Themen der Fortbildungen vor und berichten auf den Veranstaltungen über eigene Erfahrungen.

Das OPS bietet den Patienten ein psychosoziales Umfeld an, in dem Kontakte hergestellt und psychologische Betreuung vermittelt wird. Die Ernsthaftigkeit dieses Anliegens wird auch dadurch deutlich, dass das Seminar ständig bemüht ist, Planstellen für Psychologen an onkologischen Schwerpunktkliniken oder im Seminar selbst einzurichten und zu unterstützen. Schließlich strebt es ein gewisses öffentliches und sozialpolitisches Gewicht an. Hiermit sind Kontakte zu den Krankenversicherern oder zur Senatsverwaltung für Gesundheit gemeint, von der das OPS auch eine gewisse finanzielle Unterstützung erhielt. Es ist Mitglied im Tumorzentrum Berlin und in der Berliner Krebsgesellschaft. Ferner macht es in der Öffentlichkeit durch Veranstaltungen auf sich aufmerksam, ich erinnere an den Kongress »Krebsmedizin 2000 – Perspektiven« im November 1999 oder an den Kongreß »Selbsthilfe Krebs« im Oktober 2000.

Mit den obengenannten Zielsetzungen und Aktivitäten ist das Patientenseminar eine Selbsthilfeorganisation Krebs, zu der mehrere Selbsthilfegruppen gehören. Das Angebot gilt für alle onkologischen Patienten und ihre Angehörigen, nicht nur für Kranke mit einer bestimmten Tumorerkrankung.

Das OPS hat sich von Beginn an entschieden auf den Boden der Schulmedizin gestellt und nicht nur Kontakte zu ärztlichen Fachvertretern gesucht, sondern diese in die Organisation einbezogen. Der jetzige Vorsitzende, Prof. Lichtenegger, ist Direktor der Klinik für Frauenheilkunde und Geburtshilfe an der Berliner Charité und Vorsitzender der Nordostdeutschen Gesellschaft für Gynäkologische Onkologie e.V. (NOGGO).

Der Kongress im Oktober 2000 war der »Selbsthilfe Krebs« gewidmet. Verschiedene Selbsthilfegruppen stellten sich vor. Ich möchte deshalb einige kurze Bemerkungen zu den Chancen, aber auch zu den Gefahren, einer derartigen Selbsthilfe machen. Chancen und Vorteile liegen auf der Hand. So ermöglichen Selbsthilfegruppen den Betroffenen, Ansprechpartner mit gleichen Problemen zu finden und Information über die Krankheit und ihre Behandlungsmöglichkeiten zu erhalten. Selbsthilfegruppen können damit den Betroffenen eine gewisse Geborgenheit vermitteln, die vielleicht durch ärztliche Betreuung, Familie und Freunde oder kirchliche Institutionen nicht gewährt wird.

Selbsthilfeorganisationen verleihen den Betroffenen in den Gruppen grösseres Gewicht, um Ansprüche gegenüber Ärzten, Krankenhäusern, Krankenkassen durchzusetzen. Selbsthilfegruppen können aber auch Gefahren beinhalten. Ich denke an die Gefahr, daß umstrittene Behandlungsmethoden ohne den genügenden Abstand und die nötige Sachkenntnis und Kritikfähigkeit propagiert werden. Auf jeden Fall muß vermieden werden, daß Selbsthilfegruppen aus einer Konfrontation mit den behandelnden Ärzten oder Krankenhäusern entstehen.

Vor allem sollten Selbsthilfeorganisationen das Ziel haben und darauf hinwirken, dass in beiden Lagern, also bei Ärzten und Krankenhausträgern einerseits und Patienten andererseits, das Verständnis für die jeweils andere Seite verbessert und eine wirkliche Zusammenarbeit erreicht wird.

Ich hoffe, dass dies ein wesentliches Thema der folgenden Beiträge des jetzt beginnenden Kongresses sein wird.

Insgesamt besteht für mich kein Zweifel, dass die Selbsthilfe in allen ihren Facetten gerade bei onkologischen Erkrankungen größte Bedeutung besitzt. Dies haben auch die Krankenkassen erkannt. Im März 2000 wurden in Kooperation mit dem Deutschen Paritätischen Wohlfahrtsverband (Gesamtverband e.V., Frankfurt) und der Deutschen Arbeitsgemeinschaft der Selbsthilfegruppen e.V. (Giessen) gemeinsame und einheitliche Grundsätze der Spitzenverbände der Krankenkassen zur Förderung der

Selbsthilfe nach § 22, Abs. 4, SGB V, erlassen. In der Präambel zu diesen Grundsätzen steht:

»Viele Gesundheitsbedürfnisse können von der Medizin nicht oder nicht alleine erfüllt werden. Dies gilt insbesondere für die Information, Beratung und Betreuung der Betroffenen in Fragen der Gesundheit und Krankheit bzw. ihrer Bewältigung. Seit Anfang der siebziger Jahre ist ein zunehmender Aufbau von Selbsthilfegruppen, Selbsthilfeorganisationen und Selbsthilfekontaktstellen zu verzeichnen. Die von Bürgern initiierte Selbsthilfebewegung nimmt in unserem Sozial- und Gesundheitssystem inzwischen einen festen Platz ein. Sie ergänzt in vielfältiger und wirksamer Weise die institutionellen bzw. professionellen Angebote der gesundheitlichen Versorgung.

Der Erfolg der Selbsthilfe beruht vor allem auf Eigeninitiative und Eigenverantwortung ihrer Mitglieder.

Die gesetzlichen Krankenkassen unterstützen und fördern seit Jahren die Aktivitäten der Selbsthilfe zur Prävention oder Rehabilitation von Krankheiten und Behinderungen sowie die der Selbsthilfekontaktstellen durch immaterielle und finanzielle Hilfen.«

Nach wie vor muss sich das OPS vorwiegend aus Mitgliedsbeiträgen und Spenden selbst finanzieren. Für die beiden Verwaltungsstellen gaben bisher nur der Paritätische Wohlfahrtsverband und die Berliner Senatsverwaltung für Gesundheit Zuschüsse. Es ist sehr zu hoffen, dass die Selbsthilfe bei onkologischen Erkrankungen, Selbsthilfegruppen und vor allem die aus mehreren Selbsthilfegruppen bestehenden Selbsthilfeorganisationen in Zukunft die ihnen zustehende finanzielle Unterstützung durch die Krankenkassen erhalten können.

Regine Hildebrandt

Bundesvorstand der SPD

Die Selbsthilfe ist für mich sehr wichtig. Ich beteuere das immer wieder als jemand, der im Gesundheitswesen der DDR gearbeitet hat und chronisch Kranke, nämlich Diabetiker, betreut hat. Da weiß man, wie nötig Selbsthilfe ist und wie wir sie zu DDR-Zeiten vermisst haben. Sie war damals nicht möglich, da politisch und praktisch nicht gewollt.

Natürlich haben wir seinerzeit versucht, selbsthilfeähnliche Netze zu schaffen, zum Beispiel im Diabetiker-Kinderferienlager, wo jährlich 60 Kinder und Jugendliche mit Diabetes und ca. 20 diabetische Erwachsene als Helfer drei Wochen Kur- und Ferienaufenthalt gestaltet haben. Da ergaben sich neue Bekanntschaften und Freundschaften, die von uns auch systematisch gefördert wurden und Selbsthilfestrukturen entsprachen.

Nach der Wende war es für mich ganz wichtig, dass wir Selbsthilfestrukturen so schnell wie möglich aufbauten und unterstützten. Wegen der fehlenden Tradition haben wir in Brandenburg zunächst den Aufbau eines flächendeckenden Netzes von Kontakt- und Informationsstellen staatlich gefördert (SEKIS, REKIS in jedem Kreis). Dadurch wurde dieser Gedanke in die Kommunen implemetiert. Nach wenigen Monaten hatten wir bereits 1700 Selbsthilfegruppen im sozialen und gesundheitlichen Bereich. Es war ein Sprung nach vorn!

Für diese SEKIS- und REKIS-Stellen haben wir aus Landesmitteln zunächst die Stellen auf Dauer finanziert. Angesichts der angespannten Landesfinanzlage haben wir sie über kurz oder lang nur noch mit Kompromissen, unter Einbeziehung von Arbeitsförderungsmitteln, halten können. Das ist schwierig, da es immer von der finanziellen Ausstattung von Land, Kreis oder Gemeinde abhängig ist, wieviel Geld man in der Lage ist, über das hinaus bereitzustellen, was die Krankenkassen leisten. Ich will selbstkritisch sagen, dass uns das in Brandenburg auch immer nur mit Ach und Krach gelungen ist.

Das Land fördert darüber hinaus natürlich die Spitzenverbände, aber auch das eben nur im Rahmen des Möglichen. Und deswegen waren wir so sehr daran interessiert, daß die Krankenkassen bei der Förderung der

Selbsthilfe maßgeblich mitwirken. Wir in Brandenburg haben noch Glück, dass die AOK im Land die Selbsthilfe, auch unter ungünstigen gesetzlichen Bedingungen, zu ihrer Sache macht. Wir haben, wie Sie wissen, jetzt andere Bedingungen. Die Gesundheitsreform hat dazu geführt, daß die Selbsthilfe tatsächlich ein förderbarer Tatbestand in ganz anderem Maße als vorher geworden ist.

Bisher hatte die brandenburgische AOK die Förderung pro Mitglied ermöglicht. Das war sehr hilfreich für die Strukturen der Selbsthilfe, viel besser als Projektförderung.

Was die anderen Kassen angeht, müßte mehr an einem Strang gezogen werden. Aber diese Schwierigkeiten sind systemimmanent. Wenn Gesundheitsförderung Wettbewerbsleistung ist, und jede Kasse ihre besonderen Qualitäten hierbei beweist, kann sie nicht gemeinsam mit anderen Kassen zum Beispiel institutionell Selbsthilfe fördern. Und wenn Sie denken, da könnte ich doch seinerzeit als Gesundheitsministerin etwas geändert haben, dann irren Sie sich. Das habe ich bereits einmal intensiv versucht, nämlich als Ministerin für Arbeit und Soziales, seinerzeit im Kabinett de Maizière während der letzten DDR-Regierung. Wissen Sie, was damals in der Koalititionsvereinbarung stand, von allen akzeptiert, selbst von der Ost-FDP? Wir wollen keine gegliederte Krankenversicherung.
Als der Einigungsvertrag ausgehandelt wurde, war Schluss mit dieser (Wunsch-) Vorstellung.

Also bleibt die Ausnutzung der unterschiedlichen Arten der Selbsthilfeförderung bei den Kassen für Einzelmitglieder und Projekte so kompliziert, dass man nach den Antragstellungen kaum noch Zeit und Kraft für die eigentliche Selbsthilfearbeit hat.

Ganz wichtig für uns ist die bundesgesetzliche Regelung, dass Selbsthilfearbeit ein bedeutender Fördertatbestand ist. Andrea Fischer wollte die Stärkung der Patientenrechte. Das bedeutet, man muss adäquate Vertretungen haben, die diese Rechte wahrnehmen. Deswegen sind zwei Dinge nötig: Erstens die Patientenrechte gesetzlich so zu stärken, dass sie für die Patienten wirksam werden. Auch die Gesundheitsminister der Länder haben sich 1999 mit den defizitären Bereichen des Patientenrechts in Deutschland beschäftigt, ein Positionspapier erarbeitet und gemeinsam mit dem BMG eine Arbeitsgruppe zu diesem Thema eingerichtet.
Also: Es tut sich was!

Zweitens ist auch eine unabhängige Beratung der Patienten nötig. Das heißt, dass sie neutral beraten werden, nicht im Sinne der einzelnen Gruppen, die an der Behandlung und Betreuung beteiligt sind. Wie das konkret zu gestalten ist, über den medizinischen Dienst der Krankenkassen etwa, daran wird noch gearbeitet.

Unabhängig von Selbsthilfe und Patientenrechten möchte ich abschließend noch auf einen mir ganz besonders wichtigen Aspekt der Betreuung chronisch Kranker kommen.

Wir brauchen eine Versorgungskette von Tumorzentren, onkologischen Schwerpunkten über ambulante, medizinische Behandlung und adäquate Beratung bis hin zur Selbsthilfe.

Da haben wir gerade in Brandenburg schon einiges auf den Weg gebracht. Das sage ich jetzt, damit man sich auch daran freuen kann, was schon besser geworden ist, was schon funktioniert. Daraus gewinnen wir Kraft für den Rest, um mit dem entsprechenden Elan an den Kampf heranzugehen. Ich habe Sie auf die strukturellen Schwierigkeiten, z.B. bei den Krankenkassen, hingewiesen. Machen wir das Beste aus dem, was möglich ist und sehen wir zu, dass alles relativ gesehen immer besser wird.

Ich verspreche Ihnen durch meine Anwesenheit und durch meine grundsätzlichen Erfahrungen fachlicher und persönlicher Art, dass für mich die Unterstützung der Selbsthilfe immer ein ganz wichtiger Punkt sein wird. Was ich tun kann, werde ich tun.

Ulrike Plogstieß, Detlev Fronhöfer

Selbsthilfe in der AOK für das Land Brandenburg

Die AOK für das Land Brandenburg unterstützt den Kongress »Selbsthilfe Krebs« und möchte zu dem Thema aus ihrer Sicht einige grundsätzliche Gedanken vortragen.

Der Vorstandsvorsitzende Herr Niebuhr hat sich mit seinem Team für die Förderung der Selbsthilfe durch die AOK für das Land Brandenburg seit Jahren besonders eingesetzt. In unserem Beitrag wollen wir aber nicht über die konkreten Erfahrungen mit der Selbsthilfe im Land Brandenburg berichten, sondern auf folgende vier Themenkomplexe eingehen:

- Was sind die besonders wichtigen Aspekte der Selbsthilfe aus Sicht der Krankenkassen?
- Warum engagiert sich die AOK für das Land Brandenburg für die Selbsthilfebewegung?
- Wie hat sich die Selbsthilfeförderung durch die AOK für das Land Brandenburg entwickelt?
- Welche Perspektiven zeichnen sich ab und welche Fragen stellen sich?

Was ist Selbsthilfe?
Kurzer Abriss der geschichtlichen Entwicklung von Selbsthilfegruppen

Die ersten selbsthilfeartigen Zusammenschlüsse lassen sich bis in die fünfziger und sechziger Jahre zurückverfolgen. Dabei handelt es sich um »Formen der Fremdhilfe und der Interessenvertretung bestimmter Gruppen nach außen« mit einem höheren formalen Organisationsgrad, geregelter Kooperation mit den Instanzen des herkömmlichen sozialen Sicherungssystems, Hierarchien sowie bürokratischer Handlungsabläufe und Strukturen (Balke, Thiel 1991).

Im Verlauf der siebziger Jahre entstand die »Neue Selbsthilfebewegung« als eine Bewegung von unten, von den »Graswurzeln der Gesellschaft« her. Von einem gemeinsamen Problem bzw. Leiden betroffene Bürger schlossen sich in kleinen, überschaubaren Gruppen zusammen, um ihr Problem bzw. Leiden auf der Basis von solidarischer Zusammenarbeit selbsttätig zu bearbeiten und damit vielleicht sogar zu bewältigen. Hintergrund für die Bildung dieser Gruppen ist das Auseinanderbrechen des vertrauten sozialen Milieus, eine voranschreitende ökonomische Modernisierung, verbunden mit erhöhten Mobilitätsanforderungen und der ständigen Umwälzung der sozial-räumlichen Lebensbedingungen. Das bedeutet für den Einzelnen, sein Leben in immer stärkerem Maße in eigener Verantwortung und auf eigenes Risiko zu organisieren.

Ein weiterer Hintergrund ist auch, dass die eingespielten Paritäten (Arbeitgeber-, Arbeitnehmervertretung), bestimmte Minderheiten, wie nichtorganisierte, kinderreiche Familien, alleinstehende Mütter mit Kindern, alte Menschen und chronisch Kranke, die zu den nicht mehr Arbeitsfähigen und Behinderten gehören, nicht repräsentieren, vielmehr zu deren Lasten Vorteile errungen werden.

Die neue Qualität der Selbsthilfegruppen ist Anfang der achtziger Jahre auch von Politik und Verwaltung entdeckt und anerkannt worden. Selbsthilfe wurde gesellschaftsfähig.

Ursachen für die Entwicklung waren:

- Die wachsende Unzufriedenheit vieler Menschen mit der seelenlosen Apparatemedizin
- Die beginnende Debatte um die Kostenexplosion im Gesundheitswesen
- Die verbreitete Anspruchshaltung vieler Bürger gegenüber dem Sozialstaat.

Die politische Förderung des Selbsthilfegedankens geschah in nennenswertem Umfang zuerst durch die CDU (Ulf Fink, Gesundheitssenator in Berlin/West) in der Formulierung der »Neuen sozialen Frage« als wichtige soziale Aufgabe auf der Grundlage des Subsidiaritätsprinzips. Fink formulierte: »Solidarität ist das Ziel, Subsidiarität der Weg.«

Zwar legten Gewerkschaften und SPD als Antwort auf die Überlegungen der CDU das Schwerpunktgewicht auf die Solidarität, jedoch konnte die SPD den Konzepten der CDU bisher nichts Vergleichbares entgegenstellen.

Darüber hinaus ist deutlich, dass weder in den beiden großen Volksparteien noch in den Gewerkschaften die heutige Selbsthilfebewegung auf besonders große Beliebtheit stößt (5).

Untersuchungen in den achtziger Jahren gehen davon aus, dass 0,5 bis 1% der Bevölkerung an Selbsthilfeaktivitäten teilnehmen (3). Angenommen wird eine Zahl von 17.500 bis 20.000 Selbsthilfegruppen in der alten Bundesrepublik.

Mit der zunehmenden Gesellschaftsfähigkeit der Selbsthilfe engagierten sich freie Träger, insbesondere der Deutsche Paritätische Wohlfahrtsverband als Spitzenverband, für die Selbsthilfegruppen. Auch die AOK begann sich im Zuge der Entwicklung zur Gesundheitskasse stärker für die Unterstützung der Selbsthilfe einzusetzen. Mittlerweile ist ein fast flächendeckendes Netz von Selbsthilfekontaktstellen zur Unterstützung der örtlichen Selbsthilfegruppen entstanden.

Noch immer krankt die Selbsthilfe jedoch an einer nicht abgesicherten Finanzierung.

Nach Matzat und Braun (1991) ist die Selbsthilfeunterstützung vordringlich eine Aufgabe der Kommunen, da es sich um die Bildung tragfähiger kommunaler sozialer Netzwerke handelt.

Die Kommunen müssen allerdings bei der Aufgabenerfüllung von den Ländern unterstützt werden. Die Krankenkassen sollten die Selbsthilfegruppen, die im Bereich Gesundheit und Krankheit tätig sind, sowie die Selbsthilfekontaktstellen direkt finanziell, beispielsweise durch eine Poolförderung, unterstützen.

Zusammenfassend läßt sich sagen, dass die Selbsthilfegruppen inzwischen ein nicht mehr wegzudenkender Bestandteil unserer gesellschaftspolitischen Landschaft geworden sind. Gerade in einer Zeit, die unter dem Stern wachsender ökonomischer Lasten (Abgaben an Staat und Sozialkassen) für die leistungsfähigen Gesellschaftsmitglieder steht, wird der Trend zur Entsolidarisierung immer stärker. Immer größere Teile der Arbeitnehmer könnten ihre Dienste perspektivisch freiberuflich anbieten und ihre sozialen Risiken privat versichern statt ihren Obulus an die Sozialkassen zu leisten.

Am Ende steht eine Solidargemeinschaft für Arme, die ihren Namen nicht mehr verdient. Gleichzeitig ist für viele mit den wachsenden Abgaben an Staat und Sozialkassen der Beitrag zur Solidarität abgegolten. Je mehr sie zwangsweise an das System abgeben, desto weniger Notwendigkeit sehen sie, Bedürftigen darüber hinaus beizustehen oder mehr zum Gemeinwesen beizutragen. Die Gefahr: Die Solidarität wird abstrakt, reduziert sich auf Abzüge der Gehaltsabrechnung und entzieht sich den alltäglichen Erfahrungen (4).

In dieser Situation können die Selbsthilfegruppen eine Möglichkeit erlebbarer Solidarität bieten.

Hier sind gleichzeitig das einzelne Mitglied und staatliche Unterstützung gefordert. Sie könnten in einem gesunden Gleichgewicht neue Formen gesellschaftlicher Solidarität entwickeln, die im Einklang mit den individuellen Lebensstilen liegen und einen Ersatz bieten für die herkömmlichen Solidarzellen, wie Großfamilie, Vereine oder Dorfgemeinschaften. Dies ist besonders mit regionalen Unterschieden in den neuen Bundesländern zu beobachten.

Gesellschaftliche Funktion der Selbsthilfegruppen

Nach Moeller besteht die Bedeutung der Selbsthilfegruppen im wesentlichen darin (7): Im Alltag sind sie Identitätswerkstätten, im psychosozialen und therapeutischen Bereich sind sie eine Form der Gruppenselbstbehandlung als Basistherapie, im politischen Sinne sind sie eine Bürgerinitiative. In erster Linie geht es den Gruppenmitgliedern um ein neues Prinzip des Helfens bzw. der Problembewältigung. Im Vordergrund steht die »heilende Wirkung« der Kleingruppe, die auf den Prinzipien der freiwilligen Mitgliedschaft und Gleichberechtigung basiert (Moeller 1978).

Kennzeichen einer Selbsthilfegruppe

Selbsthilfegruppen setzen sich aus gleichartig Betroffenen und deren Angehörigen oder/und Freunden zusammen, zwischen denen sich ein aktives Gruppenleben entwickelt. Professionelle Helfer wirken nicht, zumindest nicht dominierend, in der Gruppe mit. Im Zentrum der Gruppenarbeit steht ein intensiver Informationsaustausch sowie die gegenseitige Unterstützung der Mitglieder bei gleichberechtigter Zusammenarbeit.

Was leisten Selbsthilfegruppen chronisch Kranker?

Erhaltung der persönlichen und sozialen Identität, Vergleich des persönlichen Erlebens von körperlichen, seelisch und sozialen Notlagen mit den

Normen der Leistungs- und Konsumgesellschaft, Entwicklung einer emanzipatorischen, bewältigungsorientierten Haltung, Förderung eines aktiven und selbstbestimmten Umgangs mit eigenen Problemen, um einer auf Fremdhilfe fixierten Einstellung entgegenzuwirken, Verbesserung der Alltagsbewältigung, Überwindung von Isolation, Unterstützung beim Erwerb gesundheitsrelevanten Wissens, Erhöhung der Regiekompetenz der Betroffenen, d.h. Erfahrungen mit den verschiedenen Leistungen des Versorgungssystems und den verschiedenen Leistungserbringern werden ausgetauscht und dadurch die Orientierung der Betroffenen erleichtert.Begrenzte Beratung und Betreuung Betroffener, Interessenvertretung durch Selbsthilfezusammenschlüsse

Nicht zuletzt informieren Selbsthilfegruppen bzw. deren Vertreter die Bevölkerung über Hintergründe und Folgen chronischer Erkrankungen und tragen dadurch zum Abbau von Ängsten und Vorurteilen bei.

Die Schwerpunkte der einzelnen Gruppen unterscheiden sich in Abhängigkeit vom Ausgangsproblem, der Dauer der Gruppenexistenz, der organisatorischen Einbindung, aber auch aufgrund persönlicher Präferenzen.

Selbsthilfeorganisationen

Im Vergleich dazu sind die Aufgaben der Selbsthilfeorganisationen und -kontaktstellen anders gelagert: Öffentlichkeitsarbeit, Beratung Betroffener, Durchsetzung bzw. Bereitstellung von Gesundheitsförderungsmaßnahmen, Intensivierung der Diskussion über Qualitätsstandards und Patientenorientierung der Versorgung, Gründungshilfe für Selbsthilfegruppen, Bereitstellung von Räumen und Sachmitteln, überregionale Vernetzung, Interessenvertretung der Betroffenen (Lobby-Funktionen) etc..

Warum engagiert sich die AOK für das Land Brandenburg für die Selbsthilfebewegung?

Grundsätzliche Übelegungen

Die aktuelle Situation ist schon seit längerem gekennzeichnet von gravierenden Veränderungen im Gesundheitswesen: Medizinisch-technisch hervorragende Entwicklungen, Kostenexplosion; eine Apparatemedizin, welche den Patienten als Objekt betrachtet, mangelnde Vernetzung der Versorgungs- und Behandlungsangebote, Wegfall bzw. Einschränkung wichtiger Krankenversicherungsleistungen, intensiver Wettbewerb zwischen den Krankenversicherern. Die private Vorsorge geht häufig vor Solidarität. Angesichts eines parallel sich wandelnden Verständnisses von Gesundheit und Krankheit sieht die AOK für das Land Brandenburg die Notwendigkeit, innovative Veränderungen zu unterstützen (Schmitz, 1993). Ziel des bisherigen Krankheitsbehandlungsmodells war die Bekämpfung eines diagnostizierten spezifischen Auslösers (z. B. Bakterien, Viren). Mehr und mehr wird dieses Vorgehen auf dem Hintergrund eines immer komplexer werdenden Verständnisses von Erkrankungsbedingungen und einer ganzheitlichen Betrachtungsweise des zu Behandelnden von bestimmten Überlegungen abgelöst.

Diese beinhalten beispielsweise, dass bestimmte geistig-emotionale Grundhaltungen einen großen Einfluss darauf haben, ob wir erkranken oder nicht. Die Tatsache, inwieweit der Betroffene aktiv seine äußeren Lebensverhältnisse mitgestaltet oder diese Verhältnisse aus einer passiven Opferrolle heraus wahrnimmt, muss ebenfalls berücksichtigt werden.

Hieran knüpft das Angebot der Selbsthilfegruppen, in der sich die Mitglieder aus ihrer passiven Opferhaltung befreien und ihre neue Lebenssituation zu bewältigen suchen(Schmitz, 1993).

Die zweite Überlegung bezieht sich auf die überproportional gestiegenen Ausgaben der gesetzlichen Krankenversicherung. Dr. Ellis Huber prophezeit angesichts der anstehenden Veränderungen im gesamten sozialen System und im Gesundheitssystem eine umfassende Wende. Erste Schritte sind die strukturellen Reformen im Bereich der Krankenkassen bzw. die Verbindung von ambulanter und stationärer Versorgung.

Das Ziel dieses Umbauprozesses ist eine effiziente kostenwirksame Gesundheitsversorgung. Es ist nur zu erreichen, wenn wir aussteigen aus der bisherigen Vorstellung eines professionellen Versorgungssystems, das Körperorientierung und Reparaturmedizin betreibt und die Befindlichleit der Betroffenen selbst im Umgang mit ihrer Gesundheit eher vernachlässigt als respektiert und berät (4).

In dieser Situation bildet die Selbsthilfe ein wichtiges Korrektiv. Sie ist eine Form problemzentrierter Solidarität in einer auf das Individuum ausgerichteten Gesellschaft. Die Selbsthilfe betrachtet den Patienten als handelndes Subjekt und ist ein wichtiger ergänzender Baustein des medizinischen und psychosozialen Versorgungssystems.

Meiner Ansicht nach wird der Sozialstaat BRD nur überleben, wenn Selbsthilfeförderung tatsächlich Bestandteil des sozialen Netzes wird, auf dem Hintergrund von Subsidiarität und Solidarität, die in der Selbsthilfe geradezu ideal miteinander verknüpft sind. Hier haben die Krankenkassen als Großunternehmer und Investoren eine wichtige Aufgabe bei der Investition in die primäre Versorgungsebene, um Folgekosten vermeiden zu können (2).

Noch immer ist das Laiensystem in der Problembewältigung am bedeutsamsten. Zwei Drittel der Krankheitsphänomene werden im Laiensystem bewältigt, 80% der Pflegeprobleme ebenfalls. Deshalb geht es auch der AOK für das Land Brandenburg letztlich darum, dieses Laiensystem , sprich die Selbsthilfe, zu stärken, um alles zu tun, was Gesundheit optimal und effizient fördert.

Welche konkreten Vorteile erwartet die AOK für das Land Brandenburg aus einer Unterstützung der Selbsthilfe?

U. E. ist der § 20, Abs. 4, SGB V in das SGB V eingebettet und auch auf diesem Hintergrund zu interpretieren. Daraus resultieren folgende Erwartungen:

Stärkung der Eigenverantwortung

Gemäß § 1, SGB V haben die Krankenkassen die Aufgabe, ihre Versicherten in der Stärkung ihrer Eigenverantwortlichkeit zu unterstützen. Alle Mitglieder von Selbsthilfegruppen übernehmen durch ihre Teilnahme mehr Eigenverantwortung für ihre Gesundheit.

Die Kompetenz derjenigen, die unter einer chronischen Erkrankung leiden, soll hinsichtlich einer Problemlösung erhalten bleiben oder wiederhergestellt werden. Die Übernahme der Verantwortung für die eigene Gesundheit soll gefördert und nicht passiv anderen übertragen werden. Das Selbstbewusstsein soll gestärkt, das Wissen über die eigene Erkrankung soll erweitert werden. Der mündige Bürger soll auch ein mündiger Patient und Partner der professionellen Behandler sein. Information und Beratung durch Selbsthilfegruppen und -organisationen.

Gemäß § 13–15, SGB I und § 20, Abs. 4, SGB V ist das eine originäre Aufgabe der Krankenkassen.

Motivation zur Selbsthilfe und Stärkung des Vertrauens in die gesetzliche Krankenversicherung. Wird derzeit erreicht durch Kooperation von Selbsthilfe und Krankenkassen.

Steigerung der Effizienz

Der Austausch der Erfahrungen der Selbsthilfegruppenmitglieder über die verschiedenen Leistungsangebote und -erbringer und eine aktive Teilnahme am Behandlungsgeschehen führen zu einer gezielteren Inanspruchnahme von Leistungen.

Gleichzeitig werden in Gesprächen in den Selbsthilfegruppen die Grenzen einer Beeinflussung des Gesundheitszustandes und damit die Abwehr unrealistischer Heil- und Gesundheitserwartungen leichter akzeptiert.

Kosteneinsparungen sind im Grunde kein Ziel der Selbsthilfe, jedoch als ein Ergebnis in einigen Bereichen möglich. Grundsätzlich soll einer fortschreitenden Chronifizierung entgegengewirkt, medizinisch unnötige Krankenhausaufenthalte vermieden und der Medikamentenverbrauch gesenkt werden. Eine nichtrepräsentative Umfrage von 1991 zeigt, dass 31% der befragten Selbsthilfegruppenmitglieder sich von der Selbsthilfegruppe unterstützt fühlen, 30% der Befragten seltener zum Arzt gehen. 21% nehmen weniger Medikamente. 14% geben an, eine bessere Lebensqualität durch die Selbsthilfegruppe zu erhalten. 51% denken, dass dadurch Krankenhausaufenthalte vermieden werden konnten. 3% der Befragten haben neue Informationen erhalten. 48% haben Anregungen im Bereich Heil- und Hilfsmittel erhalten. 80% haben Informationen über spezielle Kuren bekommen. 45% der Befragten sind aufgrund dieser besseren Informationen von ihrem behandelnden Arzt in eine auf ihre chronische Erkrankung spezialisierte Klinik eingewiesen worden. 45% der Befragten bejahten die Frage, ob ihre Krankenkasse durch die Mitgliedschaft in der Selbsthilfegruppe Kosten einspart (Jansen 1993).

Huber (1987) berichtet über ein einfaches Beispiel aus dem Bereich der Selbsthilfegruppen für chronisch Kranke: Einer Selbsthilfegruppe für Anfallskranke mag es gelingen, 6 Leute im Jahr anfallsfrei zu halten. Dadurch entfallen 6 x 10 Tage Krankenhausaufenthalt zu je angenommenen 350,- DM. Das sind 21.000,- DM Extrakosten, die diese Selbsthilfegruppe auf einfache Weise einsparen will.

Stokes (1981) berichtet von einem 2-Jahres-Versuch mit Diabetikern in Südkalifornien. Patienten in Selbsthilfegruppen wurden zu 2/3 seltener Komapatienten als andere. Sie ersparten sich damit nicht nur Leid, sondern sich und dem Krankenhaus auch 1,4 Mio. Dollar.

Bluter in Selbsthilfegruppen verursachen 45 % weniger Behandlungs-, Medikamentenkosten o. ä. als Bluter, die nicht in Selbsthilfegruppen eingebunden sind.

Ich warne allerdings an dieser Stelle nochmals davor, Geldgeber mit Kostenargumenten zu einer Unterstützung der Selbsthilfegruppen motivieren zu wollen. Leider machen wir die Erfahrung, dass im Einzelfall reduzierte Arztbesuche, Arzneimittelverbrauch und Krankenhausaufenthalte zu keiner messbaren Einsparung führen. Insgesamt betrachtet stehen wir in einem stetig wachsenden Bedarf und Angebot an Gesundheitsleistungen gegenüber, die jeden Versuch einer umfassenden Kosteneinsparung, die im Einzelfall durchaus sinnvoll ist, letztendlich zunichte macht.

Selbsthilfe als langfristige Absicherung des Rehabilitationserfolges

Besonders auf dem Gebiet der Suchtabhängigkeit sind die Selbsthilfegruppen schon lange nicht mehr wegzudenken. Realistische Chancen, auf Dauer abstinent zu leben, haben die Mehrheit der Alkoholabhängigen nur durch die Mitgliedschaft in einer Selbsthilfegruppe. Letztlich kann die AOK durch eine Kooperation mit Selbsthilfegruppen eine Rückmeldung über die Wirkung der erbrachten Leistung erfahren und entsprechende Maßnahmen treffen.

Erhöhung der Akzeptanz von Selbsthilfe in der Bevölkerung

Nur durch den engagierten Einsatz und das Vorleben einer aktiven Selbsthilfe gelingt es, anderen Menschen die Vorteile von Selbsthilfegruppen transparent zu machen und sie für eine Teilnahme oder ideelle und finanzielle Unterstützung zu begeistern.

Wie fördert die AOK für das Land Brandenburg die Selbsthilfe?

Grundsätzlich orientierte und orientiert sich die Selbsthilfeförderung durch die AOK für das Land Brandenburg an den Bedingungen und dem Bedarf im Land Brandenburg.

Ulrike Plogstieß, Detlev Fronhöfer

Erste Förderungsformen

Bereits 1991 hat die AOK für das Land Brandenburg den Selbsthilfegruppen durch ihre AOK-MitarbeiterInnen in den zahlreichen Service-Centern immaterielle und ideelle Hilfen angeboten.

Konkret bedeutet das:

Selbsthilfegruppen haben die Möglichkeit, sich entsprechend unserer Kapazität in Räumen der AOK zur Gruppenarbeit zusammenzufinden. Vor allem in den neu- und umgebauten Häusern bestehen günstige Bedingungen für die Selbsthilfegruppenarbeit. Kopier- und Druckleistungen werden ebenso wie Sachleistungen (z. B. Büromaterial, Informationsbroschüren) zur Verfügung gestellt. Selbsthilfegruppen haben die Möglichkeit, sich in AOK-eigenen Medien darzustellen.

Entsprechendes Know-how in der Öffentlichkeitsarbeit wird durch die AOK den Selbsthilfegruppen vermittelt. Öffentlichkeitswirksame Aktionen werden unterstützt und gemeinsam organisiert. AOK-eigene Fachleute halten auf Anfrage regelmäßig Vorträge zu den Leistungen der gesetzlichen Krankenversicherung und zu Themen aus dem Gesundheitsbereich (z. B. Ernährung, Behindertensport) und bieten in Einzelfällen auch gruppendynamische Einheiten an. Im Rahmen der indirekten Förderung stehen unsere im ganzen Land Brandenburg vor Ort tätigen 20 MitarbeiterInnen des Sozialen Dienstes sowie die 40 RehabilitationsberaterInnen als Kontaktpersonen den Mitgliedern der Selbsthilfegruppen ständig zur Verfügung und begleiten auf Wunsch auch die Gruppenarbeit.

Vermittlung Betroffener an die Selbsthilfegruppen

Nur durch unsere enge, kontinuierlich praktizierte und kooperative Zusammenarbeit wird uns besonders durch unsere MitarbeiterInnen des Sozialen Dienstes und der Rehabilitation möglich, in sinnvoller Weise Betroffene zur freiwilligen Teilnahme an einer Selbsthilfegruppe zu motivieren und sie in die passende Gruppe zu vermitteln.

Gründung von Selbsthilfegruppen (u. a. Rheuma-Liga, Diabetes) werden durch die AOK-Service-Center initiiert bzw. unterstützt und in der Anfangsphase bis zur Stabilisierung begleitet.

Neue Förderungsformen

Mit dem Gesundheitsstrukturgesetz (GSG) ist den Krankenkassen grundsätzlich eine neue Qualität und Quantität der Unterstützung möglich geworden. Die Krankenkassen haben im Rahmen der Ermessensleistung die Möglichkeit erhalten, Selbsthilfegruppen und -kontaktstellen finanziell zu fördern. Besonders in den neuen Bundesländer ist aufgrund der kritischen arbeitsmarktpolitischen, der ungünstigen wohnungspolitischen Situation und dem vorhandenen Defizit an psychosozialen Beratungsangeboten die Selbsthilfe auch hinsichtlich der Krankheitsverhütung besonders gefragt.

Seit der Einführung des § 20, Abs. 4, SGB V mit der Möglichkeit der finanziellen Förderung erreichen uns viele Briefe, Bitten und Anträge um finanzielle Unterstützung. In Einzelfällen werden Geldbeträge in bestimmter Höhe von uns gefordert, ohne die Notwendigkeit näher zu bestimmen.

Wie gehen wir als AOK für das Land Brandenburg damit um?

Zum einen eröffnet der ehemalige § 20 Abs.3a SGBV und der aktuelle § 20 Abs. 4 SGB V die Möglichkeit der finanziellen Unterstützung von Selbsthilfegruppen, -kontaktstellen und -organisationen mit gesundheitsfördernder und rehabilitativer Zielsetzung. Zum anderen sagt der § 2 des SGB V aus, dass die Krankenkassen ihren Versicherten Leistungen als Sach- und Dienstleistungen bereitzustellen haben, wobei gleichzeitig darauf zu achten ist, dass diese Leistungen wirksam und wirtschaftlich im Sinne einer Verbesserung bzw. Ergänzung der Versorgung chronisch kranker Versicherte erbracht werden. Weitere Kriterien sind in den gemeinsamen und einheitlichen Grundsätzen der Spitzenverbände der Krankenkassen zur Förderung der Selbsthilfe gemäß § 20 Abs. 4, SGB V vom 10.03.2000 geregelt. Unter anderem wird die Selbsthilfeförderung immer nur subsidiär zu den Förderungsbedingungen der öffentlichen Hand vorgenommen. Deshalb muss es uns erst einmal darum gehen, auf verschiedenen Ebenen Erfahrungen zu sammeln.

Eine direkte individuelle finanzielle Förderung von Selbsthilfegruppen haben wir bereits seit dem 01.01.1994 modellhaft umgesetzt, d.h. wir haben einen »AOK-Selbsthilfe-Förderscheck« bereitgestellt. Dieser Selbsthilfeförderscheck kann gemäß § 20 Abs. 4 SGB V zur Unterstützung der Selbsthilfegruppenarbeit in Umsetzung der gesundheitsfördernden und rehabilitativen Ziele verwandt werden. Jeder Versicherte der AOK für das Land Brandenburg erhält jedes Jahr einen Scheck in Höhe von 50,- DM, sofern er aktives Mitglied einer im Land Brandenburg ansässigen Selbsthilfegruppe ist und diese Selbsthilfegruppe als förderungsfähig im Sinne des § 20 Abs. 4 SGB V anerkannt ist.

Der »AOK-Selbsthilfe-Förderscheck« ist den Gruppenleitern zu übergeben und ausschließlich durch sie in den AOK-Service-Centern einzulösen. Mit einem kurzen formlosen Bericht legen die Gruppen jährlich Rechenschaft über die Verwendung der übergebenen Gelder ab.

Eine von der TU Berlin im Auftrag der AOK für das Land Brandenburg im Jahr 1997 durchgeführte Untersuchung unserer Selbsthilfeförderung hat uns überzeugt, neben der als zweckmäßig eingestuften Scheckförderung eine strukturierte Projektförderung für die Selbsthilfekontaktstellen einzuführen.

Seit dem 01.01.1998 hat die AOK für das Land Brandenburg zahlreiche größere und kleinere Projekte von Selbsthilfekontaktstellen und -organisationen gefördert. Immer wieder ging es dabei um die konkrete Definition »Was heißt Prävention und Rehabilitation in der Selbsthilfe?« und um die Abstimmung zwischen dem Bedarf aus Sicht der AOK und der Selbsthilfekontaktstellen und -organisationen.

Seit dem 01.01.2000 wurde durch die Veränderung des § 20 SGB V die »Kann«-Regelung durch eine »Soll«-Regelung abgelöst. Die Krankenkassen sollen für die Selbsthilfeförderung 1,- DM pro Versicherten zur Verfügung stellen, das sind ca. 72 Millionen DM.

Die konkretere Umsetzung ist in den gemeinsamen und einheitlichen Grundsätzen der Spitzenverbände der Krankenkassen zur Förderung der Selbsthilfe vom 10.03.2000 geregelt.

Perspektiven unter den prognostizierten gesellschaftlichen Entwicklungen

Inzwischen gibt es im Land Brandenburg über 1.000 Selbsthilfegruppen (davon ca. 800 Selbsthilfegruppen chronisch Kranker), 15 Selbsthilfekontaktstellen. Am 8. überregionalen Selbsthilfetag versammelten sich unter dem Motto »Hilfe suchen, Hilfe finden« beinahe 400 Selbsthilfeaktive.

Die weitere Entwicklung der Selbsthilfebewegung bleibt offen. Eine bis jetzt fehlende Kontinuität in Organisation und Finanzierung beinhaltet auch eine dynamische Komponente. Finanzierungen und feste Organisationsstrukturen sind oft an die Erwartungen einer beständigen Aufgabenerfüllung geknüpft. Das bedeutet Verfestigung, Konsolidierung auf Kosten von Kreativität und Unabhängigkeit. Andererseits muss die Frage der finanziellen Unterstützung geklärt werden, da die alltäglichen Probleme bei der Aufrechterhaltung der Gruppenarbeit und die Knappheit verfügbarer Ressourcen allen Betroffenen deutlich gemacht haben, dass Hilfe von außen, sei es die Sozial- und Gesundheitsverwaltung, seien es Politiker bzw. professionelle Helfer, manchmal dringend notwendig ist (1).

Vertreter der Selbsthilfekontaktstellen fordern von den Krankenkassen, die Selbsthilfe als Innovationspotential im Gesundheitswesen zu betrachten, in das es zu investieren gilt. Die Vorstellungen gehen dahin, dass 1% der globalen Budgets der gesetzlichen Krankenversicherung für den Sektor »Stärkung und Unterstützung der Bewältigungskräfte im Laiensystem« angewendet werden sollte. Bezogen auf das Gesamtbudget aller Krankenkassen entspräche das einer Summe von 7,2 Milliarden DM, sprich DM 25,- pro Krankenversicherten.

Angesichts der durch den Wettbewerb eingeleiteten massiven Wanderbewegung der KV-Versicherten zu kleineren Krankenkassen und privaten Krankenversicherern stellt sich die Frage der Finanzierbarkeit. Niedrige Beitragssätze basieren unter anderem auf einem eingeschränkten Leistungsangebot ohne Selbsthilfe und Prävention.

Mit einer größeren Investition in die Selbsthilfe ist die Vorstellung verbunden, dass statt des Verdienens an Krankheit, sich die Orientierung an möglichst viel Gesundheit durchsetzt. Im Bewusstsein der Krankenversicherten soll sich ein Wandel vollziehen hin zu mehr Eigenverantwortlichkeit und solidarischer Vernunft. Der einzelne Krankenversicherte soll nicht mehr auf Kosten der Gemeinschaft möglichst viele Tabletten, apparative Untersuchungen und Kuraufenthalte aus der Krankenkasse herausholen (5).

Allerdings ist gleichzeitig darauf zu achten, dass sich die öffentliche Hand mit dem Hinweis auf den erhöhten Beitrag der Krankenkassen aus der Förderung nicht zurückzieht.

Für die AOK für das Land Brandenburg sind die bisher beschrittenen Wege mit Sicherheit noch nicht zu Ende gegangen.

Vorstellbar wäre ein Landeskonzept einer Mischfinanzierung von Selbsthilfe durch Land, Kommunen, Rentenversicherungsträgern, Ärzten und Selbsthilfeaktiven.

Darüber hinaus sind wir bereit, auch andere Wege und Formen der Selbsthilfeförderung zu bedenken, wie etwa die Konzipierung von Pool- oder Stiftungsmodellen, wobei über Finanzierungsmodalitäten zu diskutieren wäre. Ein erster Schritt sind die verstärkten Bemühungen der Beteiligten, Krankenkassen und Selbsthilfeaktiven um einen kontinuierlichen Interessen- und Informationsaustausch.

Zur Zeit arbeiten wir an einer intensiven projektbezogenen Kooperation mit Selbsthilfekontaktstellen und -organisationen, auch unter dem Gesichtspunkt, die Aufgaben der AOK im Bereich der Sekundär- und Tertiärprävention mit den Möglichkeiten der Selbsthilfe zu vernetzen und die Öffentlichkeitsarbeit zu intensivieren.

Wo sieht die AOK für das Land Brandenburg Diskussionsbedarf?

Einleitend stellt sich mir die Frage: Wie kann eine funktionierende Verständigung zwischen zwei unterschiedlichen Systemen, der Selbsthilfe und den Krankenkassen, erreicht werden? Beispielsweise spielen in der Selbsthilfe Begriffe wie Menschlichkeit, Gemeinschaft, Suche nach Lebenssinn, Verbesserung der Lebensqualität die tragende Rolle. In der Krankenversicherung geht es immer stärker um Effizienz und Effektivität wirtschaftlichen Handelns, Abrechenbarkeit von Leistungen und Qualitätsnachweise.

Diskussionsbedarf sehe ich bei folgenden Fragen:

- Wie ist der zukünftige Stellenwert der Selbsthilfe?
  Diese Frage steht im engen Zusammenhang zur zukünftigen Funktion der Selbsthilfe auf dem Hintergrund wegbrechender psychosozialer Versorgung bzw. Beratungs- und Behandlungsangebote.
- Kann und soll die Selbsthilfe zukünftig diese Angebote nicht nur ergänzen, sondern ersetzen?
- Wer wird zukünftig Selbsthilfe finanzieren, und werden diese Geldgeber

nicht auch besondere Erwartungen an die Selbsthilfe richten?
- Wie kann ein transparenter Qualitätsnachweis der Selbsthilfe aussehen bzw. wie kann eine Qualitätssicherung im Bereich der Selbsthilfe aussehen? Kann Selbsthilfe diese Erwartungen erfüllen?
- Sind diese Erwartungshaltungen von den Selbsthilfeaktiven überhaupt erwünscht bzw. können sie diesen Erwartungen überhaupt gerecht werden?
- Darf die Selbsthilfe in diesem Sinne instrumentalisiert werden?
- Wie kann ein umfassendes Selbsthilfe-Landeskonzept auf der Grundlage der gemeinsamen und einheitlichen Grundsätze der Spitzenverbände der Krankenkassen aussehen (Inhalte, Organisationsformen) und umgesetzt werden?
- Wie können Rückzugstendenzen der öffentlichen Hand vorgebeugt werden?
- Wie können wir zumindest im Land Brandenburg eine Vielzahl von weiteren, gerade auch jüngeren Bürgern für die Selbsthilfe gewinnen als Mitglieder und/oder Unterstützer?
- Welche neuen Zugangswege gilt es dabei zu nutzen (z. B. das Internet, Wanderausstellung, Straßenaktionen, offensive Werbestrategien)?

Ausblick

Insgesamt sehe ich die Krankenkassen im Land Brandenburg in der Selbsthilfeförderung als begleitende Unterstützer, nicht als Triebkraft. Die professionellen Selbsthilfevertreter sind dagegen gefragt.

Sie müssen ihr Selbstverständnis, ihre Ziele, Aufgaben, Leistungen, ihren Bedarf und ihre Erfolge selbst und unabhängig definieren und dann das Gespräch mit den Geldgebern suchen, um einen längst fälligen breiten Dialog im Land Brandenburg zu führen. Dieser Prozess hat begonnen und ich verstehe meinen Vortrag als einen Beitrag dazu.

Ich wünsche Ihnen viel Erfolg für Ihre Bemühungen, das OPS zu erhalten und vielleicht sogar auszubauen.

Mit diesen Fragen möchte ich schließen und wünsche uns allen viel Kreativität und einen langen Atem im gemeinsamen Bestreben, den Selbsthilfegedanken in der Bevölkerung zu verwurzeln.

Und überdenken Sie bitte bei der Wahl Ihrer Krankenkasse nicht nur den

Preis, sondern auch die Qualität. Das schließt auch die Frage nach den konkreten Investitionen in die Selbsthilfe mit ein.

Literatur

(1) Balke,Thiel, Jenseits des Helfens 1991
(2) Grieger, NAKOS-Extra Nr. 22
(3) Heinze,Olk,Hilbert, Der neue Sozialstaat 1988
(4) Heuser, »Die Zeit«, Ausgabe vom 18.03.1994
(5) Huber, E., in NAKOS-Extra Nr. 22
Huber, J.,Die neuen Helfer 1987
Jakubowski, Selbsthilfegruppen und Selbsthilfegruppenunterstützung in Nordrhein-Westfalen Bottrop 1987
Janßen, NAKOS-Extra Nr. 14
(6) Moeller, Selbsthilfegruppen 1978
(7) Moeller, Chancen und Grenzen von Selbsthilfegruppen

Selbsthilfeförderung durch die AOK für das Land Brandenburg
1991-1993 Ideelle und sächliche Unterstützung der Selbsthilfe
1994-1997 Ideelle und sächliche Unterstützung der Selbsthilfe

Selbsthilfe-Förderscheck-Verfahren
1998/1999 Ideelle und sächliche Unterstützung der Selbsthilfe
Selbsthilfeförderscheckverfahren, Projektbezogene Unterstützung der Selbsthilfekontaktstellen, Bezuschussung der Selbsthilfewegweiser, Projektbezogene Förderung der Landesarbeitsgemeinschaft für Selbsthilfeförderung im Land Brandenburg e. V. 2000
Aufgrund der Änderung des § 20 Abs.4 SGB V ab 01.01.2000 wird in der AOK für das Land Brandenburg über eine Veränderung bzw. Erweiterung der bisherigen Förderpraxis nachgedacht. Nicht zur Disposition steht die Förderung der Selbsthilfegruppen durch das Selbsthilfeförderscheckverfahren.

Hartmut Reiners

Vorsitzender Landesarbeitsgemeinschaft Onkologische Versorgung Brandenburg e.V. (LAGO)

Die Landesarbeitsgemeinschaft Onkologische Versorgung Brandenburg e.V. (LAGO) ist ein 1993 gegründeter Zusammenschluss von Organisationen, Institutionen und Personengruppen, die in der onkologischen Versorgung in Brandenburg Verantwortung tragen. Dazu gehören u. a. die Landesärzte- und Zahnärztekammern, die Kassenärztliche Vereinigung, die AOK, die IKK, die Landeskrankenhausgesellschaft, die Arbeitsgemeinschaft der Tumorzentren, onkologischen Schwerpunkte und Arbeitskreise (ABTOSA) sowie das Ministerium für Arbeit, Soziales, Gesundheit und Frauen des Landes Brandenburg, als dessen Vertreter ich der LAGO angehöre und zu deren Vorsitzendem gewählt wurde.

Hinzu kommen das Onkologische Patientenseminar Berlin-Brandenburg e.V. (OPS), die Kinderkrebshilfe Berlin-Brandenburg und die Frauenselbsthilfe nach Krebs. Die LAGO finanziert sich aus Mitgliedsbeiträgen, Projektgeldern von Sponsoren und Stiftungen sowie staatlichen Fördermitteln. Letztere liegen zur Zeit bei ca. 80.000 DM pro Jahr, laufen jedoch regelmäßig Gefahr, als »freiwillige Leistung« des Landes den Haushaltskürzungen des Finanzministeriums oder des Landtages anheimzufallen. Aus diesen Geldern finanziert die LAGO eine eigene Geschäftsstelle, in der zur Zeit drei Mitarbeiterinnen beschäftigt sind.

Welche konkreten Aufgaben hat sich die LAGO gestellt?

Zu nennen sind vor allem:

- Die Entwicklung von Aktionsprogrammen zur besseren Versorgung von Tumorkranken,
- Die Mitwirkung bei der Koordinierung der onkologischen Schwerpunktversorgung in Brandenburg,
- Die organisatorische Betreuung des Arbeitskreises von Koordinatoren in der onkologischen Versorgung, die sich um eine verbesserte Abstimmung der Arbeit der Versorgungseinrichtungen in den Regionen kümmern,
- Die Bereitstellung von Informationen für Tumorkranke und deren Angehörige sowie für MedizinerInnen und Fachkräfte im Gesundheitswesen,
- Unterstützung von Projekten zur Krebsprävention.

Als »Highlights« unserer Arbeit möchte ich zwei Schwerpunktprojekte nennen. Zum einen erarbeitet die LAGO »Wegweiser« zur onkologischen Versorgung. Bislang sind in dieser Reihe zwei Publikationen erschienen:

Der »Wegweiser I: Krebs. Was kann ich tun?« wendet sich an Tumorkranke und deren Angehörige sowie allgemein interessierte Bürger.

Der sehr umfangreiche Wegweiser II ist, wie sein Untertitel sagt, eine »Orientierungshilfe für Ärztinnen und Ärzte, Pflegende und psychosoziale Fachkräfte«.

Ein Wegweiser III, der sich der »Häuslichen Krankenpflege Tumorkranker« widmet ist in Arbeit. Diese Broschüren wurden bzw. werden in enger Zusammenarbeit mit Fachleuten erstellt bzw. aktualisiert. Die Wegweiser I und II kann man bei der LAGO bestellen, wobei für den Wegweiser II eine Schutzgebühr von 20 DM erhoben wird. Die Adresse der LAGO lautet: Landesarbeitsgemeinschaft Onkologische Versorgung, Mangerstraße 42, 14467 Potsdam, Tel.: 0331/270 71 72, Fax: 270 7171, E-mail:lago@rz.uni-potsdam.de. Im Internet ist die LAGO unter http://www.lago-brandenburg.de zu erreichen, wo man sich auch über andere Aktivitäten der LAGO informieren kann.

Ein zweiter Projektschwerpunkt ist die psychoonkologische Nachsorge, wo es uns kürzlich gelungen ist, ein von der Deutschen Krebshilfe finanziertes dreijähriges Projekt an den Tumorzentren in Potsdam und Frankfurt/Oder zu starten.

Dieses Modellprojekt wäre mit Sicherheit nicht zustande gekommen, wenn es die LAGO als kooperative Basis der onkologischen Versorgung in Brandenburg nicht gegeben hätte. Die Krebshilfe hat erkennen lassen, dass sie Brandenburg nicht zuletzt wegen der LAGO für einen besonders geeigneten Standort für dieses Projekt hält, das sie mit einem siebenstelligen Betrag fördert.

Es wird eine unserer wichtigsten Aufgaben in den kommenden Jahren sein, aus diesem Modellprojekt ein dauerhaftes, von den Krankenkassen unterstütztes Versorgungsangebot zu machen. Zur Zeit sind die Kassenverbände in Brandenburg noch etwas zögerlich mit entsprechenden Zusagen, obwohl nicht bestritten wird, dass es auf diesem Gebiet noch erhebliche Versorgungslücken gibt. Aber wir sind fest davon überzeugt, dass der Nutzen dieses Projektes für die Patienten und deren Angehörige sich herumspricht und die Kassen sachliche Gründe haben werden, sich dieser Aufgabe annehmen zu müssen.

Es ist bezeichnend für unser Gesundheitswesen, dass ein eingetragener Verein wie die LAGO sich um die Abstimmung der onkologischen Versorgung in Brandenburg bemüht und nicht die laut Sozialgesetzbuch für die gesundheitliche Versorgung der Bevölkerung eigentlich verantwortlichen Institutionen.

Die LAGO verdankt ihre Existenz schwerwiegenden Defiziten in unserem Gesundheitswesen, insbesondere in der Versorgung chronisch Kranker.

Lassen Sie mich bei dieser Gelegenheit einige grundsätzliche Anmerkungen zur Gesundheitspolitik in Deutschland machen.

Bei Licht besehen verdient das Meiste von dem, was uns regelmäßig in den Medien als »Gesundheitspolitik« begegnet, diese Bezeichnung nicht. Die gesundheitspolitische Diskussion ist durch eine systematische Entfernung vom Begriff »Gesundheit« gekennzeichnet und wird letztlich von kurzfristigen wirtschaftlichen Fragestellungen und Interessen überlagert:

Unser Gesundheitswesen ist weniger auf die Erhaltung von Gesundheit ausgerichtet als auf die Behandlung von Krankheiten. Insofern sollte man eher von einem »Krankheitswesen« sprechen.

Der Umgang mit Krankheit wiederum wird weitgehend auf deren rein medizinische Dimension reduziert, wobei die Fortschritte in der Diagnose die in der Therapie bei weitem übersteigen. Dass Krankheitsbewältigung auch eine soziale und psychische Dimension hat, wird nach wie vor vernachlässigt. Bei dieser schon verkürzten Krankheitsorientierung spiegelt sich in den Versorgungsstrukturen die wachsende Bedeutung der chronischen Krankheiten weder qualitativ noch quantitativ wider. Das Leistungsrecht der gesetzlichen Krankenversicherung (GKV) ist in seiner impliziten Logik auf Heilung ausgerichtet. Das ist für Akuterkrankungen und Verletzungen angemessen, bei der Behandlung von chronischen Krankheiten, die nach wie vor meist nicht heilbar, sondern nur zu lindern sind, ist es eine Fehlorientierung.

In der öffentlichen Diskussion über Reformen im Gesundheitswesen sind weniger Qualitätsaspekte der Maßstab als quantitative Kostengesichtspunkte. Unter dem Schlagwort »Kostenexplosion« gerät das Gesundheitswesen regelmäßig dann in die Schlagzeilen, wenn Krankenkassen Beitragssatzerhöhungen verkünden. Dabei lässt sich zeigen, dass diese Steigerungen seit etwa 20 Jahren weniger mit dauerhaft überproportionalen Ausgabesteigerungen als mit sinkenden Einnahmen und einer verzerrten Risikoverteilung innerhalb des GKV-Systems zu tun haben. Die Krankenkassenbeiträge könnten heute im Schnitt um zwei Prozentpunkte niedriger sein, wenn die beitragspflichtigen Einnahmen der Versicherten, d. h. der Arbeitnehmer, noch den Anteil am Volkseinkommen hätten wie in den frühen achtziger Jahren.

Diese eindimensional quantitative Betrachtungsweise wird noch dadurch weiter verkürzt, dass die Ausgaben der GKV vornehmlich unter dem Aspekt ihrer kurzfristigen Auswirkungen auf die Lohnnebenkosten beurteilt werden. Dies ist insofern auch unter gesundheitsökonomischen Aspekten fatal, als es langfristiges investives Denken und Handeln im Gesundheitswesen stark behindert. Therapeutische Innovationen, die langfristig effektiv und daher kostengünstig sind, aber kurzfristig mehr kosten als herkömmliche Behandlungsmethoden, können sich unter solchen Bedingungen nur schwer durchsetzen.

Vor dem Hintergrund dieser systematischen Reduzierung der Gesundheitspolitik auf quantitative und kurzatmige Kostengesichtspunkte bleiben die im Gesundheitswesen arbeitenden Ärztinnen und Ärzte und die anderen Heil- und Pflegeberufe nur zu oft auf sich allein gestellt.

Um Missverständnisse zu vermeiden: Das Gesundheitswesen ist keine quasi »ökonomiefreie Zone«. Im Gegenteil, es ist mit einem Anteil von über 10% an unserem Bruttoinlandsprodukt und mit ca. 4 Millionen Arbeitsplätzen eine der wichtigsten und überdies zukunftsträchtigsten Wirtschaftszweige. Die Arbeitsteilung in dieser Branche ist allerdings viel zu wenig auf Qualitätsgesichtspunkte und Effektivität ausgerichtet. Kurzfristige Kostendämpfung und die isolierten Interessen einzelner Institutionen zählen leider immer noch mehr als langfristiges Bemühen um die Koordinierung von Wirtschaftlichkeit und Qualität.

Das Fehlen von evidenzbasierten Behandlungsleitlinien und daraus abgeleiteten Disease-Management-Programmen wirkt sich insbesondere in der Versorgung chronisch Kranker nachteilig aus. Auf diesem Gebiet hinken wir immer noch hinter vergleichbaren Ländern wie den Niederlanden oder Schweden hinterher. Da sind wir alles andere als Weltspitze.

Verschärft wird dieses Defizit durch die notorisch starre Arbeitsteilung und den daraus resultierenden Mängeln in der Kooperation zwischen den Institutionen im Gesundheitswesen.

Es gibt kaum ein anderes Gesundheitssystem in Europa, das derart unkooperativ strukturiert ist wie das deutsche.

Da arbeitet jeder Arzt und jedes Krankenhaus vor sich hin, stets in der Sorge, einen aus ihrer Sicht angemessenen Anteil vom Budget der Krankenkassen zu bekommen und Patienten nicht durch Überweisungen zu verlieren. Den handelnden Personen ist das gar nicht einmal vorzuwerfen. Sie verhalten sich den verkrusteten, mit falschen Anreizen versehenen Mechanismen des Systems entsprechend, das nach wie vor in weiten Teilen eher Merkmale einer vorindustriellen Zunftwirtschaft aufweist als die einer modernen Dienstleistungsbranche.

Die LAGO verdankt ironischerweise ihre Existenz eben diesen Strukturverwerfungen, die eine zielorientierte, integrierte Behandlung von Tumorpatienten erheblich erschweren. Wenn man so will, hat sich die LAGO als eine Art Selbsthilfegruppe der Professionellen im Gesundheitswesen gegründet mit dem Ziel, die unterschiedlichen Kompetenzen und Zuständigkeiten in der onkologischen Versorgung so gut es geht aufeinander abzustimmen.

In Brandenburg, wie in den neuen Ländern überhaupt, sind die Voraussetzungen für eine kooperative Orientierung, wie sie die LAGO anstrebt, tendenziell besser als in Westdeutschland, da die arbeitsteiligen Strukturen des alten DDR-Gesundheitssystems in dieser Hinsicht bessere Voraussetzungen bieten. Auch gab es mit den Dispensairs Einrichtungen, die sich, bei allen Unzulänglichkeiten im Detail und einer mitunter problematischen »Overprotection« der Patienten, gezielt um chronisch Kranke kümmerten. Ohne die großen Mängel des DDR-Gesundheitswesens leugnen zu wollen, die vor allem in einer desaströsen Unterfinanzierung wurzelten, hatte sich bei den dort arbeitenden Menschen sowohl ein großes Wissenspotential herangebildet als auch eine größere Bereitschaft und Selbstverständlichkeit in der Kooperation der Institutionen untereinander entwickelt, als man sie im westdeutschen System üblicherweise kennt. Mit diesem Pfund versuchen wir in Brandenburg zu wuchern.

Ich kann es mir in diesem Zusammenhang nicht verkneifen, auf die unverzeihlichen Fehler des Einigungsvertrages in der Umgestaltung des Gesundheitswesens der DDR hinzuweisen. Hier hat die berufsständische Ideologie westdeutscher Ärztefunktionäre über längst auch in Westdeutschland seinerzeit diskutierte fachliche Erkenntnisse gesiegt, indem auf die Kooperation ausgerichteten Polikliniken, Ambulatorien und Dispensairs umstandslos abgewickelt wurden, anstatt sie zu auf eigenen wirtschaftlichen Füßen stehenden Einrichtungen umzubauen. Dieser historische Fehler hat uns praktisch 10 Jahre Stillstand in der gesundheitspolitischen Entwicklung beschert. Aus ostdeutscher Sicht ist es schon bitter, mit ansehen zu müssen, welche Klimmzüge der Gesetzgeber heute mit der GKV-Reform 2000 anstellen muss, um dem Gedanken der patientenorientierten Kooperation und Integration der Versorgung zum Durchbruch zu verhelfen.

Aber es hat wenig Sinn, verpassten Gelegenheiten nachzutrauern. Wir sollten aus solchen Fehlern lernen und die ökonomischen Zwänge in kreatives Handeln umsetzen, indem die wirtschaftlichen Vorteile der Kooperation mit einer verbesserten Patientenversorgung verbunden werden. Das bedeutet sicher das »Bohren dicker Bretter«, aber ich sehe keine vernünftige Alternative.

Neues Arzt-Patienten-Verhältnis

»Der passive,
unmündige und
unwissende Patient
ist durch den
aktiven, mündigen
und kompetenten
Fachpatienten
abgelöst worden.«

Neues Arzt-Patienten-Verhältnis

Dr. Jalid Sehouli

Vorstand OPS/NOGGO
Klinik für Frauenheilkunde und Geburtshilfe
Charité, Campus Virchow-Klinikum

Neues Arzt-Patienten-Verhältnis

Die Angst vor dem Wort »Krebs«

Viele Patienten fühlen sich geradezu psychisch und physisch gelähmt, wenn sie mit der Diagnose »Krebs« konfrontiert werden. Die Diagnose »Krebs« wird wie kaum eine andere Krankheit mit einem Todesurteil gleichgesetzt. Viele rationale und irrationale Fragen stellen sich immer wieder zwanghaft neu, nur die wenigsten werden aus- und angesprochen. Die Krankheitsbewältigung scheint zu Anfang nicht möglich, Fragen über Fragen stellen sich dem Patienten und seinen Angehörigen. Der Arzt erfährt in der Regel nie alle Fragen, viele werden aus Scheu und Angst nicht gestellt, viele wegen »Zeitnot des Arztes« nur unbefriedigend beantwortet.

Patienten wünschen in der Krebsbehandlung einen Selbstbeitrag zu leisten. So fordern, nach einer Arbeit von Wallberg und Mitarbeiter, 87% der befragten Patientinnen mit Brustkrebs eine aktive Rolle bei der Therapieentscheidung.

Der Patient will demzufolge »Handelnder« und nicht ausschließlich »Behandelter« sein.

Die aktive Suche nach lebensqualitätsunterstützenden Therapien ist prinzipiell von allen Institutionen im Gesundheitssystem zu unterstützen, zumal die Patienten mit aktiver Krankheitsbewältigung eine bessere Prognose und Lebensqualität zu haben scheinen als die mit passiver Krankheitsbewältigung. Erkennt der Arzt nicht, dass der Krebspatient den Wunsch nach mehr Autonomie beansprucht, kann es zur Aufkündigung des Arzt-Patienten-Verhältnis kommen.

Detmar und Mitarbeiter befragten 273 Patienten, die eine symptomorientierte Chemotherapie erhielten, und 10 Ärzte im Rahmen einer Studie (5). Die meisten Patienten gaben an, sowohl über Symptome und körperliche

Belange als auch über emotionale Aspekte und andere Bereiche der Lebensqualität mit dem behandelnden Arzt sprechen zu wollen. Frauen hatten im Vergleich zu Männern einen größeren Bedarf an Gesprächen. Nur 25% der befragten Patienten waren aber bereit über emotionale, psychische und soziale Aspekte mit ihrem Arzt zu sprechen, wenn dieser sie auf diese Themen anspricht. Ärzte hingegen, sahen ihre Hauptaufgabe darin, die körperlichen Symptome ihrer Patienten abzufragen und vermieden meist Fragen zu anderen Lebensbereichen oder verwiesen an andere Institutionen.

Der Krebspatient in seiner Extremsituation will aber in der Regel nicht an verschiedene Personen und Institutionen verwiesen werden. Die Aufteilung der Kompetenzen verhindert langfristig die positive Krankheitsbewältigung des Patienten und lässt das wichtige Patient-Arzt-Vertrauen nicht entstehen.

Die Arzt-Patienten-Beziehung muß sich auch einer besonderen Herausforderung stellen, die niemals zuvor in der Medizingeschichte sich in dieser Intensität stellte. Der Zuwachs an neuer Information in der Medizin ist so umfangreich, dass es nahezu unmöglich ist, diese auch nur zu sichten. Sowohl der Arzt als auch der Patient begegnen über alte und neue Medien, wie z.B dem Internet, dieser Informationsflut.

So ergibt z.B. eine Suchanfrage unter www.lycos.com mit dem Stichwort »Breast Cancer« insgesamt 832 954 weltweite Internetseiten zu diesem Thema. Zunehmend wird der Patient sogar von dem Arzt mit medizinischen Neuigkeiten konfrontiert, da sich häufig Werbekampagnen der Industrie direkt an die Patienten richten. Bevor aber neue Ergebnisse in den klinischen Alltag implementiert werden können, müssen diese nach den Prinzipien der Evidence-Based-Medicine interpretiert werden. Ansonsten entstehen »auf der Suche nach jedem Strohhalm» mehr Fragen als Antworten, die wiederum neue Ängste entstehen lassen und einer positiven Krankheitsbewältigung nicht dienlich sind. Der dadurch erhöhte Bedarf an mehr Kommunikation und Diskussion steht in Kontrast zu »weniger Zeit« und weniger Personal auf Seiten der Mediziner.

Nach einer Studie der Brendan-Schmittmann-Stiftung (1993) gilt der Arzt in 78% als bevorzugter Ansprechpartner von Krebspatienten. Darüber hinaus kommt dem Erfahrungsaustausch mit anderen Krebspatienten eine herausragende Rolle zu. In 56% wurde dieser noch vor Angehörigen und

Freunden (36%) genannt. Zum einen sind demnach engagierte Krebspatienten in die Gespräche zu Therapie und Nachsorge miteinzubeziehen, zum anderen das soziale Umfeld (Familie, enge Freunde) in die (peri)therapeutische Planung unbedingt einzubinden.

Informationsabende, Selbsthilfeinitiativen und die stärkere Einbeziehung des gesamten medizinischen Personals, die gemeinsam von verschiedenen Institutionen getragen und mit Personal versorgt werden, können somit wirksame Instrumente für Patient und Arzt sein.

Werden die Ärzte dem wachsenden Beratungsbedarf nicht gerecht, drängen immer mehr und stärker Berufsgruppen und Organisationen in dieses Feld, ohne die notwendige Qualifikation zu besitzen.

Dem Wunsch nach aktiver Mitgestaltung kann man durch stärkere Anwendung und Betonung der supportiven Maßnahmen und physikalischen Therapien in vielen Fällen gerecht werden. Auch begleitende Gestaltungs-, Kunst- und Beschäftigungstherapien gehören zum onkologischen Konzept der schulmedizinischen Ganzheitsmedizin.

In Kooperation mit dem Onkologisches Patientenseminar Berlin-Brandenburg e.V. (OPS) hat die Frauenklinik der Charité eine »Aktivgruppe 1998« gegründet: »Positive Beeinflussung der Krebserkrankung mit körperlicher Bewegung und Musik«, die von einer Krebspatientin und Sport- und Kunstlehrerin selbst geleitet wird. Nach dem Bewegungsprogramm nehmen sich die Teilnehmer viel Zeit für intensive Gespräche, ganz nach dem Motto: »Körper, Geist und Seele sind nicht zu trennen.« Das Echo ist sehr positiv, die Veranstaltung für alle Mitglieder eine große Bereicherung.

Informationsseminare und Fortbildungsveranstaltungen für Patienten und Angehörige von Patienten und Ärzten können helfen, Ängste auf beiden Seiten zu überwinden, in dem sich Betroffene über ihre Erfahrungen austauschen, helfen die Krankheit zu bewältigen, Fragen auszusprechen und positive Aspekte herauszuarbeiten. Sie können helfen, an Verbesserungen der eigenen Krankheit und des eigenen Zustandes aktiv mitzuwirken.

In Zusammenarbeit mit dem OPS und der Nord-Ostdeutschen Gesellschaft für Gynäkologische Onkologie e.V. (NOGGO) veranstalten wir in der Frauenklinik der Charité regelmäßig für Krebspatienten Fortbildungsveranstaltungen und Seminare. Themen sind u.a. Erschöpfungssyndrom, Appetitlosigkeit, Sexualität und Krebs, Sinn und Unsinn von Alternativtherapien, Musiktherapie, Farb- und Stilberatung, »Ist meine Krebserkrankung geerbt und vererbbar?«. Krebspatienten und Krebsexperten fungieren als Referenten.

Diese Diskussionen, die im klinischen Alltag zu wenig Beachtung finden, sind außerordentlich wichtig, für Ärzte, Patienten und Angehörige, um wichtige Fragen zur Lebensqualität den notwendigen Raum zu geben.

Was bedeutet aber Lebensqualität?

Die Lebensqualität lehnt sich an die Definition des Begriffes »Gesundheit« der Weltgesundheitsorganisation (WHO) aus dem Jahre 1947 an: »Ein Zustand völligen Wohlbefindens im physischen, mentalen und sozialen Bereich«. Also nicht allein betrachtend die Abwesenheit von Krankheit und Schwäche!

Die bedeutendsten Anteilen der Lebensqualität sind also das physische, mentale und soziale Wohlbefinden. Die Lebensqualität wird als gut eingestuft, wenn der eigene Sollwert, die Erwartungshaltung, mit dem Ist-Wert-Zustand übereinstimmt. So läßt sich erklären, daß jemand, der wegen eines zufällig entdeckten bösartigen Tumors operiert wurde, unmittelbar postoperativ eine wesentlich schlechtere Lebensqualität beschreibt als einige Zeit später nach der Auseinandersetzung mit der Tumorerkrankung, wenn sich ein neuer Ist-Wert eingestellt hat und der Soll-Wert, d.h. die Erwartung, neu vom Patienten definiert wurde. Wenn es darum geht, den Nutzen einer medizinischen Maßnahme aus der Sicht des Patienten zu beurteilen, kann auf die Messung der Lebensqualität nicht verzichtet werden.

Die Lebensqualität hat in der klinischen Forschung noch mehr Beachtung zu finden.

Lebensqualität für einen krebskranken Menschen, der sich vital bedroht und beraubt sieht, ist eine andere als für einen Nicht-Krebskranken, der nicht für sich die Zeit findet, seine eigene Qualität zu leben und zu definieren. Um zu erfahren, was unsere Patientinnen bewegt, muss der Arzt nicht Lehrer, sondern Lernender der Patienten sein.

Der Arzt wird vom Heiler zum Helfer. Die Aufgabe muß dann sein, den Patienten zu helfen möglichst lange ein Leben »wie bzw. besser als ein Gesunder führen zu können«. Dazu gehört, dass Patienten als gleichwertige Gesprächs- und Diskussionspartner betrachtet werden.

Leben bedeutet vor allem Kommunikation. Der Patient lebt zuerst psychosozial und erst dann biologisch aktiv. Leben mit Behinderung kann höchsten inneren Lebenswert besitzen. Stabile Sozialbeziehungen können Defizite und Einbussen der Leistungsfähigkeit vermindern oder sogar aufheben, deshalb ist das soziale Umfeld in die Behandlungsplanung unbedingt einzubeziehen. Lebensqualität hängt demnach von der sozialen Versorgung, auch von der finanziellen Versorgung des Patienten und der Angehörigen in erheblichen Maße ab. Die äußere Sicherheit muss für den Patienten gewährleistet sein, damit er das »innere, seelische Wohlbefinden« überhaupt entwickeln kann. Die Abhängigkeit des Krebskranken von Ärzten, Pflegepersonal, Angehörigen, Krankenkassen, Sozialamt und anderen ängstigt ihn schon ab dem Zeitpunkt der Diagnose. Hier haben alle am Krebspatienten beteiligten Gruppen eine gemeinsame Verantwortung!

Die Angst vor Desintegration stellt die zentrale Angst des Krebskranken dar.

Eine Angst, aus der Gesellschaft der Lebenden herausgerissen zu werden, aber auch die Angst, aus der therapeutischen Arzt-Patienten-Beziehung herauszufallen und »austherapiert« zu sein. Das Wort ist auch Therapie.

Im Laufe seines Beruflebens führt der onkologisch tätige Arzt ca. 150.000 bis 200.000 Gespräche mit Patienten und deren Angehörigen.

Das Gespräch zwischen Arzt und Patient muß aber systematisch bereits im Medizinsystem trainiert werden und sollte sich nicht auf die Aneignung von Gesprächstechniken beschränken. Hier existieren große Mängel in der medizinischen Aus- und Fortbildung. Der Arzt muß sich auch der non-verbalen Kommunikation (z.B. Lächeln, Augenkontakt, Handschlag) bewußt zu sein. Ethische und philosophische Aspekte müssen ebenfalls in das Gesprächtraining einbezogen werden.

In der palliativen Krebstherapie, d.h. in der Situation, in der Heilung nicht möglich ist, wird Lebensqualität zum maßgeblichen Beurteilungskriterium medizinischer Maßnahmen.

In einer nicht-heilbaren Situation zu sein heißt, nicht fatalistische Parolen ausrufen zu müssen. Die Ziele sind nur ehrlich zu definieren. So ist die Schmerzfreiheit beispielsweise in dieser Situation das wesentliche Behandlungsziel.

Der Tod eines unheilbaren Krebspatienten ist keine Niederlage. Leidet der Krebspatient in der Sterbephase wegen unzureichender Therapie aber unter Schmerzen, hat die medizinische Betreuung versagt.

Die Frage »Wie lebe ich?« kann oft wichtiger sein als die Frage »Wie lange lebe ich?«, da diese in der Regel nicht beantwortbar ist. Statistiken können nicht über den Einzelfall entscheiden.

Der Krebspatient aber auch der behandelnde Arzt sollten sich gemeinsam die Frage stellen »Was ist mir wichtig?«. Der Patientenwunsch hat gerade in der palliativen Situation besondere Berücksichtigung zu finden.

Die Wahrhaftigkeit am Krankenbett

Hier hat sich auch ein deutlicher Wandel in der Gesellschaft vollzogen: War es früher akzeptiert, dem Krebspatienten durch Schweigen und Ignorieren Aussagen zur infausten Prognose zu vermitteln, so ist es heute häufiger angebracht, dem Patienten die Wahrheit zu sagen, auch wenn der Arzt nicht denken sollte, dass er diese trotz seines großen Wissens jemals vollständig kennen kann.

Oken untersuchte 1961 in den USA das ärztliche Verhalten im Umgang mit Patienten und konnte aufzeigen, dass nur 10% der Ärzte ihre Patienten darüber aufklärten, dass sie an Krebs erkrankt waren (7).

Heute werden in der Regel in den Industriestaaten, nahezu alle Patienten über ihre Krebsdiagnose informiert (3).

Der »passive, unmündige und unwissende Patient« ist durch den »aktiven, mündigen und kompetenten Fachpatienten« abgelöst worden.

Gute Nachrichten zu verkünden, ist keine ärztliche Kunst. Schlechte Nachrichten dem Patienten mitzuteilen, ohne ihn in ein tiefes Loch zu stürzen, das ist ärztliche Kunst. Auch in einer nach Aktenlage hoffnungslosen Situation können positive Aspekte für den weiteren Verlauf gefunden werden und dieses, ohne Unwahrheiten zu versprechen.

Kein Fortschritt ohne Forschung

Durch die Kooperation der Frauenklinik der Charité, OPS und NOGGO sind auch neue Wege in der klinischen Krebsforschung entstanden. Studienprotokolle werden mit Patienten entworfen und durchgeführt. So führen wir in der Frauenklinik der Charité eine klinische Studie zur Wertigkeit von funktioneller Musik (u.a. Mozart-Musik) begleitend zur Chemotherapie durch, in dessen Studienleitkomission neben Experten der gynäkologischen Onkologie und Psychosomatik auch ein Krebspatient vertreten ist.

Die klinische Forschung wird in Deutschland immer noch stiefmütterlich behandelt.

Gründe sind: ungenügende Akzeptanz in der Bevölkerung und ungenügende Kooperation der Kliniken, Industrie und Gesellschaft.

Klinische Studien sind unabdingbar, um Fortschritte für die Krebsbehandlung zu erreichen, um für Patienten die besten und effektivsten Therapiestrategien entwickeln zu können.

Beim Rückblick auf die erzielten Fortschritte durch systematische klinische Forschung in der Krebsmedizin, sind folgende Erfolge besonders hervorzuheben:

1. Verbesserte Vorsorge, Diagnostik
2. Verbesserte Operationen
3. Verbesserte Strahlentherapie
4. Verbesserte Chemotherapie
5. Besseres Management der Nebenwirkungen/Komplikationen
6. Neue (kombinierte) Therapiekonzepte (z.B. Gentherapie, Antikörpertherapie)

Zu 1. Wir sind in der Lage, bereits sehr kleine Tumore zu entdecken (z.B. nicht palpable Brusttumoren mittels Mammographie/-sonographie). Kritisch anzumerken ist aber, dass nur ca. 30% der Frauen ab dem 40. Lebensjahr die kostenlose Krebsvorsorge in Anspruch nehmen.

Zu 2. Beim Eierstockkrebs ist der postoperative Tumorrest der entscheidende Prognosefaktor, ausgedehnte Operationen sind aufgrund verbesserter Operationstechniken und Anästhesie bei geringer Komplikationsrate sicherer durchführbar geworden.

Zu 3. Die Strahlendosis und Strahlenbelastung bei diagnostischen und therapeutischen Prozeduren sind deutlich reduziert worden.

Zu 4. Das Spektrum der wirksamen Chemotherapeutika ist erheblich größer geworden, deutliche Verbesserungen der Heilungsrate sind erzielt worden (Beispiel: Eierstockkrebs).

Zu 5. Durch den prophylaktischen Einsatz neuer Wachstumsfaktoren kann heute die Komplikationsrate vieler Chemotherapeutika auf das Knochenmark (Erythrozyten, Leukozyten, Thrombozyten) deutlich reduziert werden.

Zu 6. War in der Vergangenheit aufgrund der hohen Komplikationsrate nur der Einsatz einer Therapiemodalitat möglich, können mehrere heute in der modernen Krebsmedizin miteinander kombiniert wer den (Beispiel Brustkrebs: Operation + Chemotherapie + Bestrahlung).

Neue Therapieansätze, die den Krebs auf anderen Wegen bekämpfen, werden intensiv weiter entwickelt (z.B. Gentherapie, Antikörpertherapie).

Um weitere wichtige Fragen für die klinische Praxis beantworten zu können, sind Studien nach den Regeln der Good Clinical Practice (GCP) Grundvoraussetzung. Die Industrie, Kostenträger und Politiker, aber auch Ärzte und Patienten haben sich hierbei in noch stärkerem Maße zu engagieren.

In klinischen Studien sind Patienten unter besonderer Betreuung. Sie erhalten in der Regel innovative Therapiekonzepte, deren Überprüfung nur in Rahmen der wissenschaftlichen Untersuchung für die Patienten möglich ist. Auf dem weltweit größten Krebskongress in New Orleans 2000 konnte die österreichische Arbeitsgruppe um Gnant zeigen, dass Patientinnen mit Brustkrebs innerhalb von klinischen Studien, im Vergleich zu Patientinnen außerhalb von Studien, deutlich länger leben (6).

Klinische Studien dürfen aber den Wunsch des Patienten auf ganzheitliche Betreuung nicht vernachlässigen. Sie sollten nicht nur an klinischen

Studien teilnehmen, sondern auch bei der Planung beteiligt werden. Die Patienten müssen aktiv diesen Fortschritt unterstützen.

In den USA beispielsweise spielen Patienten eine sehr wichtige Rolle selbst bei der Zulassung von neuen Medikamenten in der Food und Drug Administration (FDA).

Patienten erleben oftmals die Aufklärung als unverständlich und fordern verständliche Erklärungen und schriftliche Informationen. Krebspatienten sollten daher frühzeitig in die wissenschaftlichen Konzepte einbezogen werden, um u.a. gemeinsam patientenorientierte Ziele zu definieren, die Patienteninformationen noch verständlicher zu gestalten und damit die Akzeptanz von klinischen Untersuchungen zu erhöhen. So kann man ferner dem Wunsch des Krebspatienten nach Leistung eines Selbstbeitrages besser gerecht werden.

Schlussfolgerungen

Eine intensive Kommunikation im Sinne von Allianzen zwischen Krebspatient und Arzt, Selbsthilfegruppe und Tumorzentrum, sowie gemeinsame Diskussionsforen sind wichtige Voraussetzungen, um den sinnvollen Anspruch des Krebspatienten auf ganzheitliche Betreuung auf Basis wissenschaftlicher Erkenntnisse gerecht zu werden.

Die wesentlichen Elemente des Arzt-Patienten-Gespräches sind:

Sprechen (feinfühlig, dosiert, verständlich), Hören (aktiv), Motivieren (Hoffnung), Non-Verbale Kommunikation (Augenkontakt, Lächeln, Körperkontakt), interdisziplinär (Ethik, Religion, Philosophie).

Die Anforderungen an das Arzt-Patienten-Verhältnis sind zusammengefasst:

1. Stärkere Betonung des Arzt-Patienten-Gespäches in der Patienten-Arzt-Beziehung
2. Enttabuisierung und Thematisierung der Worte »Krebs« und »Sterben«
3. Stärkere Beachtung und Beantwortung der Frage: «Wie geht es Ihnen?« in der Therapieentscheidung
4. Bessere und problemorientierte ärztliche Ausbildung
5. Gemeinsame Verantwortung zur Teilnahme an klinischen Studien

Literatur

(1) Blau, J.N.: Time to let the patient speak. Br. J. Med. 1989; 289, 39
(2) Meeting patient expectations in the cancer consultation. Ann. Oncol. 1997;8 (9) 877-82
(3) Carnes, J.W., Brownlee, H.J.: The disclosure of the diagnosis of cancer. Med. Clin. North. Am. 1996;80(1) 145-51
(4) Cassel, E.J.: Talking with patients. I. The theory of Doctor-patient communication. MIT Press, MA, 1985
(5) Detmar, S.B., Aaronson, N.K., Wever, L.D. et al.: How are you feeling? Who wants to know? Patients' and oncologists' preferences for discussing health-related quality-of-life issues. J. Clin. Oncol. 2000; 15(18)3295-301
(6) Gnant, M.: Impact of participation in randomized clinical trials on survival of women with early-stage breast cancer- an analyses of 7985 patients. 36th ASCO Annual Meeting (2000) Abstract 287
(7) Oken, D.: What to tell cancer patients: a study of medical attitudes. JAMA 1961;175:1120-8.
(8) Sehouli, J.: Postoperative Nutzung unkonventioneller Krebstherapien (UKT) bei Patientinnen mit gynäkologischen Malignomen. Verlag für wissenschaftliche Publikationen/Hamburg, 1998
(9) Sehouli, J. , Lichtenegger, W.: »Neues Arzt-Patienten-Verhältnis« - Gemeinsame Wege in der Krebsforschung in: Krebsmedizin 2000-Perspektiven, Hrsg. Bergemann, Sehouli,Lichtenegger. Walter de Gruyter Verlag Berlin, 2000
(10) Sehouli, J., David, M., Kaufmann, B., Lichtenegger, W.: Unkonventionelle Methoden in der Krebsmedizin-Postoperative Nutzung durch Patientinnen mit gynäkologischen Malignomen. Geburtsh. Frauenheilk. 2000; 60: 147-54
(11) Wagener, T.: Patient-physician communication: a clinical´s view. Ann. Oncol. 2000 ;11: 57-61
(12) Wallberg, B., Michelson, H., Nysted, M., Bolund, C., Degner, L.F., Wilking, N.: Information needs and preferences for participation in treatment decisions among Swedish breast cancer patients. Acta Oncol. 2000; 39(4):467-76

C. Schwarz, J. Schildmann, E. Herrmann, H. Ortwein,
A. Klambeck, A. Brunklaus,

Medizinstudenten

Wahrheit am Krankenbett – Kommunikation Arzt-Patient

Das von uns vorgestellte Projekt »Wahrheit am Krankenbett« ist das Ergebnis einer Zusammenarbeit von insgesamt sechs Beteiligten. Unsere Arbeitsgruppe besteht aus drei Studenten, einem Arzt im Praktikum und zwei jungen Assistenzärztinnen. Damit stehen wir an der Schwelle zwischen Studium und Beruf. Da die Gruppe sich aus Studierenden und Ärzten zusammensetzt, flossen bei der Konzeption und der Durchführung des Projekts Erfahrungen und Ideen von beiden Seiten ein.

Wir haben alle in Berlin Medizin studiert, entweder an der Freien Universität Berlin oder der Humboldt-Universität zu Berlin. Es besteht bereits seit vielen Semestern ein enger Kontakt untereinander, so dass bereits vor Beginn des Projekts eine ausgiebige Zusammenarbeit stattfand. Diese wurde u.a. als studentische Tutoren für Anamnesegruppen durchgeführt. Was uns zusätzlich verbindet, ist unser Interesse an der strukturierten, gezielten Ausbildung kommunikativer und interaktioneller Fähigkeiten für den Klinikalltag bereits im Studium.

Unserer eigenen Erfahrung zufolge, wurde im universitären Rahmen kaum Offizielles und allenfalls wenig Freiwilliges zu diesem Thema angeboten. Der Bedarf an kommunikativen Fähigkeiten dagegen steht uns als Berufsanfängern sicherlich besonders deutlich vor Augen. Dieses Missverhältnis zwischen Lernangeboten und Fähigkeitserwartungen veranlasste uns, ein Pilotprojekt zur Entwicklung eines Curriculums für kommunikative Fähigkeiten zu entwickeln.

Die Ausbildung ärztlicher kommunikativer Fähigkeiten im Rahmen des Studiums der Humanmedizin hat vor allem im angloamerikanischen Raum, aber auch in vielen anderen Ländern im europäischen Raum, einen hohen Stellenwert. Damit verbunden existiert mittlerweile ein ganzer Forschungszweig, der sich um die Auswirkungen von Kommunikation auf den Patienten befasst. Obgleich die Erfahrungen in der Lehre, wie auch in der Forschung, einen Zeitraum von mehr als drei Jahrzehnten umfasst, wird dieses Gebiet an den deutschen medizinischen Fakultäten bislang wenig wahrgenommen.

Unser Interesse ist es somit, einen Kurs anzubieten, der sich vorwiegend mit der Arzt-Patienten-Kommunikation beschäftigt. Für diesen Kurs wurde folgendes Konzept entwickelt:

Einführung

Es wird eine Evaluation vor Beginn und am Ende des Kurses durchgeführt. Die Tutoren stellen sich und den gesamten Zeitplan für den Kurs vor. Anschließend wird eine Vorstellungsrunde der Teilnehmer durchgeführt. Hierbei sollen auch die Motivationen für die Teilnahme und die Erwartungen an den Kurs respektive die Tutoren formuliert werden. Abschließend erfolgt die Einteilung in die Gruppen, wobei darauf geachtet wird, dass möglichst keine Freunde in der gleichen Gruppe sind und auch das Verhältnis von Frauen zu Männern möglichst paritätisch verteilt ist.

Kleingruppensitzung

Kernstück des zehnstündigen Kurses sind drei Einheiten, in denen sechs verschiedene Situationen zum Thema »Schlechte Nachrichten mitteilen« geübt werden. Bei einer Teilnehmerzahl von sechs Studierenden pro Kleingruppe nimmt somit jeder Student einmal die Rolle des Patienten und ein anderes Mal die des Arztes ein.

Noch einmal erfolgt die Vorstellung der Teilnehmer und Austausch über bereits stattgefundene Erfahrungen zu diesem Thema. Anschließend wird eine Einführung zu den Regeln des Feedbacks gegeben. Nach Beendigung werden Erläuterungen zum Rollenspiel gemacht (Dauer des Gespräches und der anschließenden Diskussion sowie Ausgabe der Fallbeispiele).
Es wird darauf hingewiesen, dass im Nachgespräch der erste Kommentar vom Interviewer und der zweite vom Patienten gegeben wird. Am Schluss erhält der Arzt noch einmal die Möglichkeit zur Stellungnahme. Dem eigentlichen Rollenspiel folgt im Anschluss eine Feedback- und Diskussionsrunde, in deren Verlauf, neben den wahrgenommenen Emotionen und den als positiv aufgenommenen Verhaltensweisen des jeweiligen »Arztes«, vor allem die aufgekommenen Schwierigkeiten besprochen werden. Ziel ist es, nach Analyse der Situation nach alternativen Lösungen zu suchen.

Für beide Rollen sind Skripten erarbeitet worden, in denen neben einer kurzen Situationsbeschreibung auch die für den »Arzt« notwendigen Fakten zur Diagnose mitgeteilt werden.

Diskussion und theoretisches Seminar mit erfahrenen klinischen Ärzten und Psychologen

Alle Gruppenteilnehmer haben hier die Möglichkeit Fragen, die in den Rollenspielen aufgetaucht sind, den erfahrenen Klinikern zu stellen. Zusätzlich ist es den Experten freigestellt, anhand von Folien oder Dias noch einmal die wichtigsten Punkte beim Mitteilen von schlechten Nachrichten zu demonstrieren. Dieser Teil dient quasi als Brücke zwischen Rollenspiel und Klinikalltag.

Abschlusstreffen mit allen Gruppen

Hier sollen die gesammelten Eindrücke zusammengetragen werden. Zusätzlich wird versucht, wichtige Punkte des Mitteilens von schlechten Nachrichten zu formulieren. Diese werden schriftlich fixiert und in eine Struktur gebracht. Im Abschlusstreffen geben die Teilnehmer den Tutoren Feedback und Änderungsvorschläge für weitere Seminare. Am Ende des Treffens findet dann die Abschlussevaluation des Kurses statt.

Methodik

Gruppendiskussion mit Feedback:

Grundlage der Gruppenarbeit in unserem Projekt ist die Diskussion der Gruppenteilnehmer untereinander und die kritische Bewertung der persönlichen Standpunkte. Bei der Gruppendiskussion, respektive Feedback, geht es vor allem um die Entwicklung einer konstruktiven Arbeitsatmosphäre innerhalb der Gruppe. Deshalb legen wir Wert auf die Einhaltung von Strukturen und Regeln. Sie dienen dem Schutz der Gruppenteilnehmer.

Für konstruktives Feedback gilt:
1. Das Feedback ankündigen
2. Erst positive, dann negative Aspekte
3. Konkrete Kritik auf eine Situation beziehen
4. Teilnehmer ausreden lassen

5. Konsequenzen aufzeigen
6. Konkrete Übungshilfen geben
7. Sich verständlich ausdrücken
8. Aktives Zuhören
9. Auf nonverbales Feedback achten
10. Der Akteur hat das erste Wort
11. Keine Anschuldigungen
12. Allen Teilnehmern den gleichen Raum lassen

Rollenspiele:

Bei Befragungen der Teilnehmer, was sie von Rollenspielen halten, bekommt man unterschiedliche Antworten. Vor dem Rollenspiel sind die Teilnehmer eher skeptisch, aber nach dem Rollenspiel ist die Mehrheit von dem Sinn der Rollenspiele überzeugt. Neben dem inhaltlichen Ablauf des Rollenspiels wird die Körperhaltung der Spielenden beobachtet und auch auf Stimme, Mimik und Atmosphäre geachtet. Es sind 10 Minuten Zeit für das Gespräch. Beide Teilnehmer erhalten eine kurze Fallbeschreibung, an der sie sich orientieren sollen.

Ziele des Kurses »Wahrheit am Krankenbett«

1. Erster Kontakt zum Aufklärungsgespräch unter »Aufsicht«
2. In kleinen Schritten an komplexe Gesprächseinheiten herangeführt zu werden
3. Direktes Feedback vom spielenden Patienten zur Förderung des Verständnisses
4. Verbesserung der Selbstreflexion
5. Steigerung der Empathie
6. Abbau von Hemmungen
7. Ängste erkennen und artikulieren
8. Konzepte erarbeiten und anwenden
9. Feedback
10. Erfahrungsaustausch

Ziele des Projekts

- Integration in das Lehrcurriculum
- Einbindung möglichst zahlreicher Fachbereiche
- Einbindung von betroffenen Patienten

- Etablieren des Curriculums auch in anderen Städten/Universitäten Deutschlands

Selbsthilfe in der Krebsbehandlung

»Das Motto in den Selbsthilfegruppen heißt: Bewusster leben«

Selbsthilfe in der Krebsbehandlung

PD Dr. J.-U. Blohmer

Klinik für Frauenheilkunde und Geburtshilfe, Charité Campus Mitte

Selbsthilfe und Mammakarzinom

Der wesentliche Unterschied zwischen den behandelnden Ärzten und den Patientinnen besteht zum einen im Kranksein des Einen und im (noch) Gesundsein des Anderen sowie in dem Nichtwissen (wenig wissen) des Einen und des Expertenwissen des anderen. Den ersten Unterschied, nämlich den Unterschied zwischen Kranksein und Gesundsein, wird die Patientin nicht überwinden können. Den zweiten Unterschied, nämlich den zwischen »Kaumwissen« und Expertenwissen, ist durch die Fortbildung der Patientinnen zu überwinden. Die Selbsthilfegruppen sollten es sich zur Aufgabe machen, in erster Linie diesen Punkt zu bearbeiten.

Auf welche Weise kann dieser Wissenszuwachs erfolgen?

In einer Befragung von 7024 Frauen durch Ärzte der Frauenklinik der Charité (Hüttner et al.) gaben 78,8% der befragten Frauen an, sich bereits über Brustkrebs informiert zu haben. Hinsichtlich der Informiertheit zeigte sich eine klare Altersabhängigkeit. Insbesondere bei den älteren Frauen (65-85-jährig) sinkt der Anteil der informierten Frauen auf ca. 70% ab.

Als wichtigste Informationsquelle wird der Frauenarzt angegeben. Abhängig von der Art der Befragung gaben den Frauenarzt als wichtigste Informationsqulle zwischen 50 und 90% der befragten Frauen an.

Gefolgt wurde diese Informationsquelle von den Medieninformationen zwischen 35 und 40% sowie Gesundheitsbroschüren zwischen 30 und 40%. Weniger wichtig waren die Informationen durch Freunde und Bekannte (20 - 30%) sowie medizinische Bücher (20 - 25%). Die Informationen durch Ärzte anderer Fachbereiche (Chirurgie, Innere Medizin und andere) spielten kaum eine Rolle (5 - 10%). Nach diesen Ergebnissen ist es also wichtig, die Frauenärzte schneller mit neuen Informationen zu versorgen und sie zu ermuntern, den Frauen diese Informationen weiterzugeben. Auf der anderen Seite sollten Selbsthilfegruppen und betroffene Frauen vermehrt die informierten Frauenärzte zu Rate ziehen. Informationsveranstaltungen, wie sie vom Onkologischen Patientenseminar e.V. (OPS) organisiert werden, sind sicher ein weiterer guter Weg, um schnell an kompetente Informationen zu kommen.

Über die Qualität der erhalten Informationen konnte jedoch in dieser Untersuchung keine Aussage getroffen werden. Woran erkennt die Patientin, wie gut die Information ist, die sie bekommt bzw. wie kompetent der entsprechende Arzt ist. Anhand welcher Kriterien kann sie ersehen, ob sie von Fachleuten behandelt wird, die sich auf dem aktuellsten Stand des medizinischen Wissens des Mammakarzinoms befinden?

Der einfachste Weg zu erfahren, ob aktuellste Therapiemöglichkeiten angewendet werden, ist die Frage nach der Teilnahme des Arztes an klinischen Studien und der Möglichkeit, selbst als Patientin an diesen Studien teilzunehmen.

Verantwortungsbewusste und informierte Ärzte werden ihren Patientinnen die Teilnahme an diesen Studien empfehlen. Die Teilnahme an diesen Studien dient nicht nur dem wissenschaftlichen Fortschritt, sondern nützt unmittelbar den Patientinnen, länger mit ihrer Erkrankung zu überleben bzw. von dieser Erkrankung geheilt zu werden.

So hat beim amerikanischen Krebskongress (ASCO 2000) eine Analyse von knapp 8000 Patientinnen mit Brustkrebs aus Österreich (Gnant et al.) gezeigt, dass unabhängig vom Tumorstadium und der Art der durchgeführten Studien immer die Patientinnen das längere erkrankungsfreie und Gesamtüberleben hatten, die an diesen Studien teilnehmen. Diese Überlegenheit hinsichtlich des Überlebens von Studienpatientinnen war weder abhängig von den Risikofaktoren ihrer Erkrankung noch von ihrem Erkrankungsstadium und noch weniger abhängig von der verwendeten Therapie.

Besonders stark war der Unterschied bei den postmenopausalen Patientinnen. Diese Patientinnen profitieren noch eher von der Teilnahme an Studien.

Die Ursache für das bessere Abschneiden der Studienpatientinnen liegt möglicherweise in dem Greifen der Qualitätssicherungsmechanismen, der Früherkennung von Rezidiven und der effektiven Behandlung dieser Rezidive.

Jede Patientin profitiert also individuell von der Teilnahme an Studien. Selbsthilfegruppen sollten also ihre Mitglieder ganz besonders auf die Teilnahme an diesen Studien hinweisen.

Das Bewusstsein in unserer Gesellschaft, dass das Mammakarzinom heilbar sein kann, es aber noch eine ganze Menge zu tun gibt, bevor alle Patientinnen von einem Mammakarzinom geheilt werden können, ist noch nicht sehr ausgeprägt. Aus diesem Grunde sollten die Selbsthilfegruppen verstärkt an die Öffentlichkeit gehen, um diese auf das Problem Mammakarzinom hinzuweisen.

Aus unserer Sicht ist es problematisch, dass immer noch kein Mammographiescreening in Deutschland eingeführt wurde, dass die klinische Forschung fast ausschliesslich in Eigenverantwortung der Ärzte und fast ausschließlich mit Unterstützung von gemeinnützigen Vereinen (Deutsche Krebshilfe e.V.) sowie der forschenden Industrie durchgeführt wird. Hier ist der Staat mehr denn je gefordert. Deshalb sind Aktionen, wie die der Brustkrebs-Initiative »Hilfe zur Brustgesundheit e.V. - Fordern statt Dulden«, zu begrüßen und zu unterstützen. Die Patienten in Selbsthilfegruppen können außerdem dazu beitragen, die Krankenkassen in ihrem Weg der Qualitätssicherung zu unterstützen und ihnen die Daten zukommen zu lassen, da schließlich die effektivste Therapie auch für die Krankenkasse die kostengünstigste ist. Das bedeutet häufig, zu Beginn der Therapie teure Medikamente einzusetzen.

Abschließend erfolgt eine kurze Zusammenstellung der Standarddiagnostik und -therapie des Mammakarzinoms.

Diagnostik

Die Mammographie ist die einzige Methode, mit der es gelungen ist, die Sterblichkeit von Frauen am Brustkrebs zu senken, vorausgesetzt, dass Frauen über 50 jährlich zu dieser Röntgenuntersuchung gegangen sind.

In Deutschland wird eine Screening- oder Reihenuntersuchung durch die Mammographie von den Krankenkassen nicht bezahlt.

Allerdings kann jede Frau mit Schmerzen in der Brust, getastetem Knoten, auffälligen Vorbefunden und Angst vor Brustkrebs in Deutschland zur Mammographie überwiesen werden. Mit dem zusätzlichen Ultraschall oder der Mammasonographie gelingt es, die Sicherheit der korrekten Erkennung von Brustkrebs durch die Mammographie noch weiter zu erhöhen. Beide Methoden können eingesetzt werden, um nicht eindeutige Befunde in der Brust durch eine Punktion und die Entnahme von wenig Gewebe (Biopsie) zu klären.

Die anderen Methoden wie Magnetresonanztomographie (MRT), Thermographie, Positronen-Emissions-Tomographie (PET) werden nur zur Klärung spezieller Fragen, z.B. vor einer Operation, eingesetzt und sind keine Alternativen zur Früherkennung von Brustkrebs mit der Mammographie.
Die Selbstuntersuchung der Frauen unterstützt diese technischen Methoden, da jede Frau am schnellsten Veränderungen der Farbe und Struktur der Haut, des Tasteindruckes, eine einsetzende Sekretion aus der Brustwarze, angeschwollene Lymphknoten und andere Zeichen an sich selbst zuerst entdeckt.

Operation

Bei ca. 70% aller Frauen mit Brustkrebs gelingt es heute, brusterhaltend zu operieren. Die Heilungsraten sind gleich, unabhängig davon ob die Brustdrüse komplett, einschließlich der Lymphknoten der Achselhöhle, entfernt wird (Ablatio) oder ob nur der Tumor mit den Lymphknoten entfernt wird und anschließend nachbestrahlt wird. Bei einigen Frauen muß auch nach einer Ablatio nachbestrahlt werden.

Keine Frau lebt länger, weil ihr die Brust entfernt wurde. Viele Frauen sind der Meinung, mit dieser Operation ein lebensnotwendiges Opfer bringen zu müssen. Das ist nicht nötig.

Es gibt kaum noch Gründe, nicht brusterhaltend zu operieren.

Wenn der bösartige Tumor für eine einfache Entfernung zu groß ist, kann er durch eine Hormon- oder Chemotherapie verkleinert werden. Bei diesen Frauen ist dann in etwa 70% eine brusterhaltende Operation möglich.

Um die Nebenwirkungen der Operation in der Achselhöhle zu verringern, kann um den Tumor eine gering radioaktiv markierte Lösung gespritzt werden. Diese reichert sich dann durch den Lymphabstrom im ersten, so genannten »Wächterlymphknoten« ab (Sentinel node). Dieser wird mit einer Sonde aufgesucht, entfernt und mikroskopisch untersucht. Unter kontrollierten und Studienbedingungen kann bei nicht von Tumor befallenem Sentinel node auf die Entfernung der anderen Lymphknoten verzichtet werden (Bembenek, Schlag, Onkologie 2000). Die Strahlenbelastung für die Patientin und das Personal ist ungefährlich gering (Brenner, 2000).

Verschiedene Operationsmethoden können eingesetzt werden, um die Form und Größe der operierten Brust zu verändern oder ihrem Ausgangszustand anzunähern, insbesondere dann, wenn eine Ablatio (Brustentfernung) durchgeführt wurde. Diese sogenannten Rekonstruktionen der Brust können, abhängig vom Tumor und Wunsch der Frau, gleich während der ersten Operation (Sofortrekonstruktion) oder später durchgeführt werden. Die Heilungsrate wird durch diese Operationen nicht verändert. Die Methoden der Nachsorge können sich eventuell ändern (Ultraschall, MRT). Zu den Operationen gehören heute auch die sogenannten minimalinvasiven Verfahren zur Diagnosesicherung. Damit werden in örtlicher Betäubung mit einer etwas dickeren Nadel kleine Gewebsproben aus dem Tumor entfernt. Die Gefahr der Tumorverschleppung besteht nicht.

Chemotherapie und Hormontherapie

Eine Chemotherapie oder Hormontherapie kann nach der Operation zur Vernichtung von eventuell vorhandenen Mikrometastasen durchgeführt werden (adjvuante Therapie). Welche Therapie gegeben wird, und ob beide Behandlungsformen miteinander kombiniert werden, hängt von den Tumoreigenschaften (Größe, Lymphknoten, Hormonrezeptoren) und vom Alter der Patientin ab.

In allen Tumorstadien erhöht die adjuvante Hormon- (Tamoxifen) und/oder Chemotherapie die Heilungsrate der Patientinnen (Fisher et al., 1999, Peto , 2000).

Die Chemo- oder Hormontherapie kann auch vor der Operation gegeben werden, damit der Tumor unter dieser Behandlung kleiner wird und, wenn möglich, brusterhaltend operiert werden kann (neoadjuvante Therapie). Die Heilungsrate mit dieser Reihenfolge der Therapie ist mindestens genauso hoch wie Reihenfolge: Zuerst Op., dann Therapie (Fisher, 1997).

Bei Vorliegen von Tochtergeschwülsten außerhalb der Brust (metastasiertes Mammakarzinom) wird eine Hormon- und Chemotherapie abhängig von dem Allgemeinbefinden, dem Alter der Patientin, dem Tumortyp und dem Ort der Metastasierung empfohlen.

Für all diese Therapien gilt:

1. Die Dosierung muß stimmen! In der Absicht, die Nebenwirkungen gering zu halten, wird oftmals eine nicht wirksame Dosis verabreicht. Ganz besonders trifft dies auf die Standardtherapie mit CMF (Cyclophosphamid, Methotrexat, 5-Fluoruracil) zu.

2. Neuere Medikamente (Anthrazyklinie, Taxane, Herceptin) müssen vor ihrer Einführung in das deutsche Gesundheitswesen dahingehend überprüft werden, ob sie gegenüber den bisherigen Medikamenten überlegen sind. Diese Überprüfung erfolgt innerhalb von Studien. Durch die Studienteilnahme und die Anwendung neuer Medikamente in optimaler Dosierung steigen die Heilungschancen der teilnehmen – den Patientinnen gegenüber denen, die nicht an Studien teilnehmen können.

3. Wenn möglich, können Hormone und Antikörper mit der gleichen Wirkung wie Chemotherapien eingesetzt werden. Die Voraussetzung ist das Vorhandensein »passender« Rezeptoren auf den Tumorzellen (Östrogenrezeptoren, Herceptinrezeptoren). Die Bestimmung dieser Rezeptoren erfolgt am entnommenen Tumorgewebe.

Zusammenfassend können die Mitglieder der Selbsthilfegruppen selbst von den Maßnahmen zur Erlangung und Vermittlung des medizinischen Wissens profitieren und anderen Frauen nützen. Dazu sollten sie deren Wissensaneignung unterstützen und die Verantwortlichen in der Gesellschaft dazu bringen, modernste Verfahren zur Behandlung und Früherkennung des Mammakarzinoms zu entwickeln, deren Entwicklung zu unterstützen und diese schnell einzusetzen.

Eine effektive Form dieser Arbeit ist die Organisation von Veranstaltungen wie dieser, auf der Experten mit den Mitgliedern des Onkologischen Patientenseminars e.V. (OPS) zusammenkommen, um gemeinsam über aktuelle und individuelle Probleme zu diskutieren.

Dr. J. Sehouli, Prof. Dr. W. Lichtenegger

Klinik für Frauenheilkunde und Geburtshilfe
Charité, Campus Virchow-Klinikum

Selbsthilfe und Eierstockkrebs

Einleitung

Der Eierstockkrebs (Ovarialkarzinom) ist der fünfthäufigste bösartige Tumor (Malignom) der europäischen Frau. In Deutschland erkranken jährlich ca. 8.000 Frauen an einem Ovarialkarzinom, wobei wegen fehlender Vorsorgemöglichkeiten mindestens 75% der Patientinnen zum Zeitpunkt ihrer Diagnose bereits ein fortgeschrittenes Tumorstadium aufweisen (FIGO-Stadium III/IV).

Eine internationale Krebsvereinigung, abgekürzt FIGO (Féderation Internationale Gynécologie et d´Obstétrique), hatte schon vor 50 Jahren die Stadien für gynäkologische Tumoren eingeteilt. So bedeutet FIGO Stadium III, dass bereits Absiedlungen außerhalb des Beckens, und FIGO IV, dass Metastasen in Organen vorliegen.

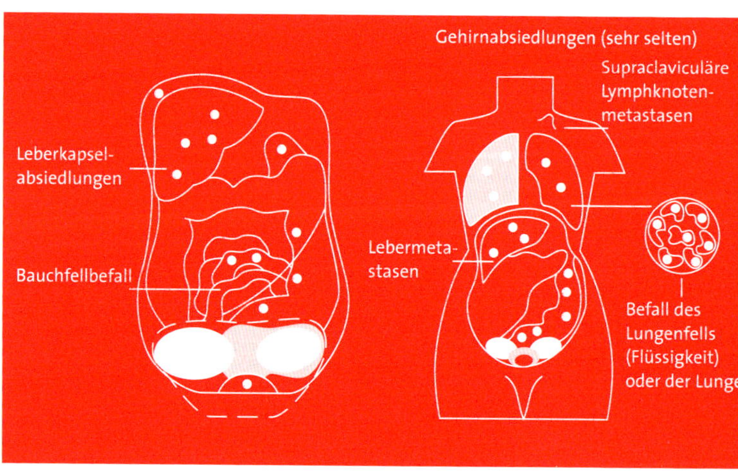

FIGO III FIGO IV

Diagnostik

Die klinische gynäkologische Untersuchung gilt als Goldstandard für das Ovarialkarzinom. Für die Beurteilung des Oberbauches bieten sich die Sonographie, die Computertomographie (CT) und Magnetresonanztomographie (MRT) an.

Für die Beurteilung pathologischer Strukturen im kleinen Becken sind diese aber der Vaginalsonographie (ggf. in Verbindung mit der Dopplersonographie) unterlegen. Auf eine Zystoskopie (Blasenspiegelung), radiologische Magen-Darm-Passage und Koloskopie (Darmspiegelung) kann in der Regel verzichtet werden, da trotz Befall der äußeren Wandschichten meist in diesen Untersuchungen keine pathologische Befunde erhoben werden. Vielmehr sollte das Ovarialkarzinom primär interdisziplinär angegangen werden.

Operation – die erste Säule der Therapie

Die Therapie des Ovarialkarzinoms besteht aus einer radikalen Operation und einer anschließenden zytostatischen (medikamentösen) Behandlung. Bereits die Operateure Meigs (1934) und Mannel (1968) konnten zeigen, daß Patientinnen von einer maximalen Tumorresektion profitieren. Griffith (1975) und Hoskins (1994) belegten, dass der postoperative Tumorrest den wichtigsten Prognosefaktor beim Ovarialkarzinom darstellt. Sowohl bezüglich des tumorfreien Überlebens als auch des Gesamtüberlebens haben Patientinnen ohne postoperativen Tumorrest den größten Benefit (Lichtenegger, 1999).

Das operative Management des Ovarialkarzinoms beinhaltet eine Längslaparotomie (Bauchschnitt), die von der Symphyse (Schambein) bis maximal zum Xiphoid (unterer Rand des Brustbeines) verläuft, um die detaillierte Inspektion des Abdomens (Bauchraumes) und die operativen Prozeduren zu ermöglichen. Die operative Therapie besteht aus der totalen Hysterektomie (Gebärmutterentfernung) mit beidseitiger Eierstockentfernung (Salpingooophorektomie), der kompletten Entfernung der Bauchfettschürze (infragastralen Omentektomie) und der systematischen Lymphknotenentfernungen im Bereich der Beckengefäße und Bauchschlagader (pelvine und paraaortale Lymphonodektomie). Nur bei sehr hoher Tumorlast sollte auf eine systematische Lymphknotenentfernung verzichtet werden.

Um eine optimale Tumorresektion zu erreichen, ist ein primär interdisziplinäres Vorgehen (Gynäkologen und Chirurgen) notwendig. Dies sollte deshalb stets eingeplant werden.

Chemotherapie – die zweite Säule

Die Standardbehandlung besteht neben der dargestellten maximal erreichbaren operativen Tumorreduktion in einer anschließenden Chemotherapie. Die Kombinationstherapie Paclitaxel und Platin (Cisplatin/Carboplatin) gilt aufgrund eindrucksvoller Ergebnisse europäischer und amerikanischer Studien als Standard der primären Chemotherapie des fortgeschrittenen Ovarialkarzinoms (Studien: GOG 111, GOG 158, OVAR 5).
Da Carboplatin besonders im nicht-hämatologischen Spektrum (Nieren,- Nerven- und Innenohrtoxizität) deutliche Vorteile gegenüber dem Cisplatin besitzt und seine Wirksamkeit bewiesen hat (Studien: GOG 158, Ovar-3), ist die Kombination von Paclitaxel und Carboplatin klar zu favorisieren.

Die zytostatische Therapie des fortgeschrittenen Ovarialkarzinoms sollte vorzugsweise im Rahmen von klinischen Studien erfolgen, um die Datenlage für die Patientinnen zu verbessern und um die erreichten Fortschritte weiter zu optimieren.

Ferner sind Patienten in klinischen Studien unter besonderer Betreuung. Sie erhalten in der Regel innovative Therapiekonzepte, deren Überprüfung nur in Rahmen der wissenschaftlichen Untersuchung für die Patienten möglich ist. Auf dem weltweit größten Krebskongress in New Orleans 2000 konnte die österreichische Arbeitsgruppe um Gnant zeigen, dass Patientinnen mit Brustkrebs innerhalb von klinischen Studien im Vergleich zu Patientinnen außerhalb von Studien deutlich länger lebten. Klinische Studien dürfen aber den Wunsch des Patienten nach ganzheitlicher Betreuung nicht vernachlässigen. Die Patienten sollten aktiv den medizinischen Fortschritt unterstützen.

Aktuell untersucht die Arbeitsgemeinschaft Gynäkologische Onkologie (AGO) den Einbau des Topoisomerase-I-Hemmers Topotecan als First-Line Therapie (Ersttherapie) in einem sequentiellen Regime mit 6 Zyklen Paclitaxel und Carboplatin alle 21 Tage plus 4 Zyklen Topotecan (alle 22 Tage (OVAR-7). Die Nord-Ostdeutsche Gesellschaft für Gynäkologische Onkologie e.V. (NOGGO) hat ein Konzept zur Intervallverkürzung mit Paclitaxel und Carboplatin (wöchentlich) in reduzierter Dosis – statt dreiwöchentlichen Therapieintervallen – mit verschieden Kliniken in Deutschland gestartet. Dieses Projekt untersucht die Verträglichkeit und das Ansprechen der dosisintensivierten Chemotherapie.

Viele Patientinnen bekommen trotz Verschwindens aller auffälligen Tumorzeichen (z.B. Tumormarker CA-125, CT oder MRT) einen Rückfall (Rezidiv). Auch ein Rezidiv kann oft bei guter Lebensqualität behandelt werden. Ob eine erneute Operation in dieser Situation angezeigt ist, muss von einem erfahrenen Ärzteteam (Gynäkologen und Chirurgen) gemeinsam mit der Patientin geklärt werden. Für die Rezidivtherapie existiert keine Standardchemotherapie, da nur wenige systematische Studien durchgeführt wurden. Verschiedene neuere und ältere wirksame Substanzen stehen aber zur Verfügung. Auch hier sollten die Patientinnen vorzugsweise in klinischen Studien behandelt werden. Als primäre Zielkriterien der Studien in der Rezidiv-(Palliativ-) Situation sind das Gesamtüberleben und die Messung der Lebensqualität zu definieren. Besonders die nicht-hämatologischen Nebenwirkungen haben einen besonderen Einfluss auf die Lebensqualität der Patientinnen.

Zur Zeit werden drei größere klinische Studien in Deutschland durchgeführt und sind für die Teilnahme offen. Die AGO vergleicht im OVAR-2.3-Protokoll die Monotherapien Topotecan versus Treosulfan. Die OVAR-2.5 untersucht die Kombination Gemcitabin und Carboplatin gegen eine alleinige Carboplatin-Monotherapie. Im Rahmen einer deutschlandweiten Studie, die von der Deutschen Krebsgesellschaft zertifiziert wurde, untersuchen wir die drei Therapiearme: Topotecan versus die Kombination der französischen Gineco-Gruppe Topotecan und Etoposid versus der selbst entwickelten Kombinationstherapie Topotecan und Gemcitabin. Als härtestes Primärkriterium hat diese Studie der Nord-Ostdeutschen Gesellschaft für Gynäkologische Onkologie e.V. (NOGGO) das Gesamtüberleben als Primärziel. Alle Patientinnen mit einem Rezidiv nach Vortherapie mit Platin können an der Studie teilnehmen (Weitere Informationen unter 030 450564052).

Nachsorge – die Zeit danach

Die Nachsorge verfolgt folgende Ziele: Psychoonkologische Mitbetreuung, Psychosoziale Mitbetreuung, Einleitung von Rehabilitationsmaßnahmen, Nachsorge-Diagnostik (Klinik), supportive Therapien (z.B. bei Übelkeit, Durchfällen), Sicherstellung und Optimierung der Kommunikation (Arzt-

Patient / Arzt-Arzt / Patientin-Patientin), Qualitätskontrolle.

Gerade die psychoonkologische Betreuung gehört zu den wichtigsten ärztlichen Aufgaben der Nachsorge. Viele Fragen stellen sich, werden aber nur selten ausgesprochen: Angst? Verminderung der physischen und psychischen Leistungsfähigkeit? Verminderung der Attraktivität? Anspannung und Nervosität? Körperliche Beschwerden? Schlaflosigkeit? Sexualität und Krebs? Nutzung von Alternativtherapien in der »Therapielücke«?

Die Nachsorge hat sich der individuellen Situation der Patientin anzupassen.

Die Empfehlungen verstehen sich als Orientierungshilfe. Da das Risiko eines Wiederauftretens innerhalb der ersten beiden postoperativen Jahren erhöht ist, wird üblicherweise in den ersten beiden Jahren in vierteljährlichem, danach in halbjährlichem Abstand eine vaginale /abdominale Sonographie, laborchemisch der Tumormarker CA 125 (bei präoperativer Erhöhung) zusätzlich zur gynäkologischen und klinischen Untersuchung durchgeführt.

In den letzten Jahren hat sich zunehmend die sogenannte »Marker-gesteuerte« Nachsorge mit dem Eiweiß CA 125 etabliert, wobei dieser auch bei gutartigen Erkrankungen (wie z.B. Leberstörungen, Entzündungen, viralen Infekten) häufig erhöht sein kann. Wichtig zu betonen ist, dass das leibliche Wohl und die Lebensqualität nicht von Laborparametern abhängig gemacht werden sollte. Röntgenuntersuchungen der Lunge können bei Vorliegen auffälliger klinischer Befunde angezeigt sein, eine routinemäßige Durchführung ist dagegen nicht sinnvoll. Computer-Tomografie (CT) oder eine Magnetresonanztomografie (MRT) sind nur bei Verdachtsfällen indiziert.

In der Ovar-Sprechstunde der Frauenklinik Charité Campus-Virchow-Klinikum hat sich folgendes Nachsorgeprogramm etabliert: Bis zum 6. Monat: alle 4-8 Wochen; bis zum 24. Monat: alle 12-16 Wochen; nach über 2 Jahren: alle 16 -24 Wochen.

Nochmals zu betonen ist, dass die einzelnen Therapien stets als Säulen eines ganzheitlichen Gesamtkonzeptes zu verstehen sind. Im Einzelnen sind zu nennen: Operation, Chemotherapie (mit interdisziplinärer Entscheidungsfindung), psychosomatische Mitbetreuung, Maltherapie, Physikalische Maßnahmen (z.B. Massagen, Krankengymnastik), Bewegungstherapie (z.B. in der Studie »Positive Beeinflussung der Krebserkrankung durch körperliche Bewegung mit Musik« an der Frauenklinik der Charité), Selbsthilfeorganisationen (z.B. Onkologisches Patientenseminar Berlin-Brandenburg e.V.), Patientenseminare/-informationsveranstaltungen (z.B. durch die NOGGO, das OPS, die Charité) und Nach(für)sorge als Betreuung in der therapeutischen Lücke.

Schlussfolgerungen

Bei der Primäroperation des Ovarialkarzinoms ist die maximale Tumorreduktion der entscheidende Prognosefaktor. Trotz des häufigen tumorösen Darmbefalls kann mit modernen Operationstechniken meist die Anlage eines künstlichen Darmausganges (Anus praeter) vermieden werden. Dies hat einen wesentlichen Einfluss auf die Lebensqualität der Patientin.

Die Chemotherapie des Ovarialkarzinoms sowohl in der Primär- als auch in der Rezidivsituation hat in klinischen Studien zu erfolgen, um die spärliche Datenlage gerade der Rezidivtherapie zu verbessern und um klinisch relevante Fragen für unsere Patientinnen endlich beantworten zu können.

Sowohl die operative als auch zytostatische Therapie des Ovarialkarzinoms sind stets in ein übergreifend onkologisches interdisziplinäres Gesamtkonzept (u.a. Psychosomatik, Ernährungstherapie, Physiotherapie, Supportivtherapie, Selbsthilfeinitiativen) zu integrieren.

Weiterführende Literatur/ Internet-Links:
Eierstockkrebs, Ratgeber für Patientinnen und Angehörige, Hrsg. J. Sehouli, W. Lichtenegger, Akademos Verlag
Broschüre: Gebärmutter- und Eierstockkrebs, Die blauen Ratgeber Nr. 3 der Deutschen Krebshilfe (ISSN 0946-4816, 1999)
Sehouli,J. , Lichtenegger,W. ; in »Neues Arzt-Patienten-Verhältnis - Gemeinsame Wege in der Krebsforschung in: Krebsmedizin 2000-Perspektiven«, Hrsg. Bergemann, E., Sehouli, J., Lichtenegger, Walter de Gruyter Verlag Berlin, 2000
www.noggo.de: Studienübersicht, Veranstaltungen
www.charite.de/ops/: Informationsveranstaltungen, Seminare,
Aktivgruppen
www.ago-ovar.de: Studienübersicht, Leitlinien

Peter Reichardt

Med. Klinik mit Schwerpunkt Hämatologie, Onkologie und Tumorimmunologie, Charité, Campus Virchow-Klinikum

Selbsthilfe bei Weichteilsarkomen im Erwachsenenalter

Grundlagen

Weichteilsarkome sind eine inhomogene Gruppe von seltenen Tumoren, die aus mesodermalem oder ektodermalem Gewebe entstehen. Sie kommen in einer Inzidenz von 2 -3 / 100.000 ohne Geschlechtsprädisposition vor und machen damit insgesamt nur ca. 1% aller Tumoren im Erwachsenenalter aus.

Weichteilsarkome kommen in allen Altersstufen vor; im Erwachsenenalter bevorzugt in der Adoleszenz und vom 45. bis 55. Lebensjahr.

Hinsichtlich der Primärlokalisationen überwiegt die untere Extremität mit 40%, gefolgt vom Körperstamm, dem Retroperitoneum, der oberen Extremität und der Kopf-Hals-Region mit jeweils ca. 15% der Fälle.
Die Ätiologie ist weitgehend unklar. Bekannte Risikofaktoren sind eine vorausgegangene Bestrahlung und eine Exposition gegenüber Polyvinylchlorid oder Asbest (hepatische Angiosarkome). Neuere Studien sprechen für eine mögliche Rolle von Mutationen im RB-1 Gen und im Tumorsuppressorgen p53 bei der Entstehung von Weichteilsarkomen. Eine genetisch definierte Basis für die Entwicklung von malignen peripheren Nervenscheidentumoren ist die autosomal-dominant vererbte Neurofibromatose.

Der Sammelbegriff Weichteilsarkome umfasst ein breites Spektrum von über 150 histologischen Subtypen (gemäß WHO-Klassifikation), die sich hinsichtlich ihres biologischen Verhaltens, ihrer Prognose und ihres Ansprechens auf unterschiedliche Therapieverfahren teilweise unterscheiden. Die häufigsten sind Leiomyosarkome, MFH, Synovialsarkome, Fibrosarkome und Liposarkome. Von entscheidender Bedeutung für Prognose und Therapieplanung ist allerdings insbesondere das histologische Grading von G1 bis G3, das die Aggressivität des Tumors klassifiziert. Eine eigene Untergruppe bilden die gastrointestinalen Stromatumoren. Diese Tumoren haben ihren Ursprung im Magen-Darmtrakt und weisen ein spezifisches Zelloberflächenmerkmal, genannt CD 117, auf. Für die Stadieneinteilung wird meist das AJCC-Staging System der UICC verwendet, wobei neben der Primärtumorgröße, dem Befall von regionären Lymphknoten und dem Vorhandensein von Fernmetastasen insbesondere auch das histologische Grading einbezogen wird. Lymphknotenmetastasen sind außerordentlich selten, eine Ausnahme hiervon machen nur Rhabdomyosarkome und Synovialsarkome. Während bei ca. 10% der Patienten bereits zum Zeitpunkt der Erstdiagnose Metastasen vorliegen, ist bei 40 bis 60% der Patienten mit undifferenzierten (G2/3) Tumoren, die tief sitzend und größer als 5 cm sind (Stadium III B), trotz lokaler Tumorkontrolle mit der Entwicklung von Metastasen, insbesondere in der Lunge (seltener Knochen und Leber) zu rechnen.

Etwa die Hälfte aller Patienten mit einem Weichteilsarkom verstirbt innerhalb von 5 Jahren – meist an Metastasen.

Die stadiengerechten 5-Jahres-Überlebensraten betragen 80, 65, 45 und 10% (Stadium I bis IV). Die mediane Überlebenszeit ab dem Zeitpunkt der Diagnose von Metastasen beträgt etwa 12 Monate.

Therapiekonzepte

Operabler Tumor ohne Metastasen

Die Primärbehandlung der lokalisierten Weichteilsarkome ist die radikale chirurgische Entfernung nach histologischer Sicherung, vorzugsweise in erfahrenen Zentren. Bei unzureichender Radikalität einer Voroperation muß ggf. nachoperiert werden. In Abhängigkeit von der Radikalität des Eingriffs ist mit Lokalrezidiven zu rechnen. Aus diesem Grund ist nach lediglich weiter Exzision eine Nachbestrahlung in allen Fällen obligat. Erforderlich ist der Einsatz von ausreichend hohen Dosen sowie vorzugsweise eine sog. »shrinking field« -Technik zur Reduktion lokaler Komplikationen. In besonderen Fällen und bei entsprechender Erfahrung sind eine intraoperative Bestrahlung oder eine Bestrahlung mittels operativ platzierter Afterloading-Systeme vorzuziehen. Bei Inoperabilität kann in Ausnahmefällen, v. a. bei kleinen Tumoren (unter 5 cm), eine alleinige Bestrahlung erwogen werden.

Trotz optimaler Lokaltherapie ist bei Patienten mit undifferenzierten (G2/3) Tumoren, die tief sitzend und größer als 5 cm sind, in 40-60% mit der Entwicklung von Metastasen, insbesondere in der Lunge zu rechnen. Aus diesem Grunde kommt der Frage einer adjuvanten Chemotherapie besondere Bedeutung zu.

Bislang wurden insgesamt 14 randomisierte Studien, die eine adjuvante Chemotherapie mit alleiniger Kontrolle verglichen haben, publiziert. Die Ergebnisse dieser Studien sind uneinheitlich und lassen somit keine endgültigen Schlussfolgerungen zu. Mögliche Erklärungen für die unterschiedlichen Ergebnisse sind die verschiedenen verwendeten Chemotherapieregime, teils Mono-, teils Polychemotherapie, differierende Eingangskriterien und damit unterschiedliche Patientenkollektive sowie die meist nur relativ kleinen Fallzahlen.

In einer Metaanalyse an 1568 Patienten aus allen 14 Studien auf der Basis individueller Patientendaten, zeigte sich eine Verbesserung des metastasenfreien Intervalls und des rezidivfreien Gesamtüberlebens um 10%, was statistisch hoch signifikant war.

Die Verbesserung des Gesamtüberlebens um 4% erreichte jedoch keine statistische Signifikanz. Dem gegenüber stehen die Ergebnisse der kürzlich publizierten italienischen Multicenter-Studie, die eine sehr aggressive Chemotherapie (bislang einzige publizierte Studie mit Ifosfamid) mit alleiniger Kontrolle vergleicht. Es zeigte sich bei den bislang randomisierten 100 Patienten mit ausschließlich Hochrisikosarkomen an den Extremitäten eine signifikante Verbesserung des Gesamtüberlebens in der Therapiegruppe, so dass die Studie abgebrochen wurde. Kritikpunkte sind die kleine Fallzahl und die sehr schlechte Überlebensrate in der Kontrollgruppe. Insgesamt sollte zum gegenwärtigen Zeitpunkt eine adjuvante Chemotherapie außerhalb von Studien nicht durchgeführt werden. Empfehlenswert ist eine Überweisung von geeigneten Patienten an Zentren, die an entsprechenden Studien teilnehmen (EORTC-Studie 62931: Chemotherapie mit Adriamycin/Ifosfamid versus Kontrolle). Lediglich Patienten mit Rhabdomyosarkomen, v. a. in jüngerem Lebensalter und Patienten mit sogenannten klein-, rund- und blauzelligen Sarkomen aus der Gruppe der Ewing- Tumoren sollten grundsätzlich eine Chemotherapie erhalten.

Lokal fortgeschrittene und inoperable Sarkome ohne Metastasen

Für Patienten mit lokal fortgeschrittenen, inoperablen Weichteilsarkomen ohne Nachweis von Fernmetastasen kommen mehrere Therapieoptionen mit dem Ziel der Tumorverkleinerung und anschließender radikaler Operation in Betracht. Ein Standard ist nicht definiert.

Präoperative Bestrahlung: Bei einer primären Strahlentherapie sind sehr hohe Dosen erforderlich, so dass eventuell mit einer erhöhten Rate an Wundheilungsstörungen zu rechnen ist. Der Einsatz von Radiosensitizern ist rein experimentell.

Extremitätenperfusion: Die isolierte Extremitätenperfusion mit Zytostatika und/oder Zytokinen, eventuell in Kombination mit Hyperthermie ist ein experimentelles Therapieverfahren, das wenigen spezielisierten Zentren vorbehalten ist. Mit dieser Therapie ist bei ca. 0/4 der behandelten Patienten ein Extremitätenerhalt bei vorab inoperablen Tumoren erreichbar. Aus methodischen Gründen kommt diese Behandlungsform nur bei Extremitätensarkomen in Betracht.

Präoperative Chemotherapie: Vorteile einer präoperativen Chemotherapie sind die frühe Elimination von okkulten Fernmetastasen, ungestörte Perfusionsverhältnisse im Tumor, eine Reduktion der Primärtumorgröße bei Ansprechen auf die Therapie und eine in vivo Chemosensibilitätsprüfung, die Rückschlüsse auf die Wirksamkeit der applizierten Chemotherapie erlaubt. Trotz der theoretischen Vorzüge liegen zu dieser Fragestellung bislang kaum randomisierte Studien vor. Die Kombination von systemischer Chemotherapie mit regionaler Hyperthermie bei lokal fortgeschrittenen Weichteilsarkomen wird gegenwärtig im Rahmen einer Studie untersucht (EORTC-Studie 62961 : Chemotherapie mit regionaler Hyperthermie vs. alleinige Chemotherapie).

Falls technisch machbar, sollte sich nach entsprechender Verkleinerung des Tumors die möglichst radikale Entfernung anschließen. Abhängig von der Art der Vorbehandlung gelten die Empfehlungen bezüglich einer Nachbestrahlung oder einer adjuvanten Chemotherapie.

Vergleichende Untersuchungen zur Wertigkeit der unterschiedlichen präoperativen Therapieverfahren liegen nicht vor, so dass die Entscheidung für die eine oder andere Behandlungsform von der Verfügbarkeit der Methodik und der Erfahrung des Therapeuten abhängt.

Grundsätzlich sollte die Therapie ausschließlich in erfahrenen Zentren durchgeführt werden.

Operables Lokalrezidiv ohne Metastasen

Lokalrezidive sollten grundsätzlich radikal entfernt werden. Eine Nachbestrahlung ist, unabhängig von der erreichten Radikalität, obligat. Bezüglich der adjuvanten Chemotherapie gelten die Empfehlungen analog zu Primärtumoren.

Inoperables Lokalrezidiv ohne Metastasen

Es gelten die Empfehlungen analog zu inoperablen Primärtumoren.

Fernmetastasen

Bei Patienten mit Fernmetastasen sollte, wenn möglich immer eine Chemotherapie durchgeführt werden. Die Behandlung sollte vorzugsweise im Rahmen von klinischen Studien erfolgen. Bei der Entscheidung zur Chemotherapie sind vor allem der Allgemeinzustand und das Alter des Patienten sowie evtl. vorhandene Begleiterkrankungen zu berücksichtigen. Patienten, die für eine aggressive Therapie in Frage kommen und bei denen evtl. ein ergänzendes operatives Vorgehen in Frage kommt, sollten im Rahmen von klinischen Studien mit einer aggressiven Kombinationschemotherapie behandelt werden. Im Anschluss an die Chemotherapie ist grundsätzlich zu prüfen, ob durch chirurgische Maßnahmen residuelles Tumorgewebe (Primärtumor und Metastasen) entfernt werden kann. Ein solches multimodales Therapiekonzept wird unter potentiell kurativer Zielsetzung durchgeführt.

Als Standard-Therapie außerhalb von Studien wird häufig eine Monochemotherapie mit Adriamycin 75 mg/m alle 3 Wochen angesehen. Ggf. kann auch eine Monotherapie mit Ifosfamid durchgeführt werden. Der Einsatz von oral applizierbaren Zytostatika wird im Rahmen klinischer Studien untersucht.

Die Ansprechraten liegen bei den meisten Kombinationstherapiestudien mit 40 bis über 50% und ca. 10% kompletten Remissionen wesentlich höher als die 15 bis 25%, die bei einer Monotherapie erreicht werden, allerdings auf Kosten einer z.T. erheblichen Toxizität, insbesondere Hämatotoxizität. Die Überlegenheit einer Kombinationschemotherapie gegenüber einer Monotherapie konnte bislang weder hinsichtlich der Remissionsdauer noch der Überlebenszeit belegt werden. Allerdings wurde von mehreren Autoren gezeigt, dass Patienten, die eine komplette Remission erreichen, eine wesentlich längere Überlebenszeit haben. Vereinzelt können sogar lang anhaltende Remissionen erzielt werden.

Die Kombination von systemischer Chemotherapie und Ganzkörperhyperthermie stellt ein experimentelles Verfahren dar, das ausschließlich im Rahmen kontrollierter Studien durchgeführt werden sollte. Auch die Hochdosischemotherapie mit Knochenmark oder Blutstammzelltransplantation ist weiterhin kein etabliertes Therapieverfahren. Für die Gruppe der gastrointestinalen Stromatumoren stellt die Therapie mit dem Medikament STI 571 ein neuartiges, hochspezifisch wirkendes Behandlungsverfahren dar, das ausschließlich in wenigen spezialisierten Zentren zur Verfügung steht.

Nachsorge

Die Nachsorge dient der Erfassung von Lokalrezidiven und Fernmetastasen. Aufgrund sich daraus eventuell ergebender Therapiekonsequenzen sollte sie in spezialisierten Zentren erfolgen.

Prof. Dr. Dietmar Schnorr

Urologische Klinik, Charité Campus Mitte

Selbsthilfe in der urologischen Onkologie

Urologische Onkologie befasst sich mit bösartigen Geschwülsten verschiedener Organsysteme des Urosystems bei Männern und Frauen unterschiedlicher Altersgruppen.

Hodentumoren

Hodentumoren, die bestrahlt, chemotherapiert und/oder operiert werden, betreffen vor allem junge Männer zwischen 17 und 37 Jahren. Die einzig mir bekannte und einleuchtende Selbsthilfe besteht darin, dass sich die jungen Männer wenigstens einmal im Monat, z.B. beim Duschen an das äußere Genitale (Hoden) fassen und nach einer vorher nicht existierenden Verhärtung tasten. Alle Karzinome sind derb und hart. Ein harter Knoten am oder im Hoden ist immer verdächtig auf einen Hodenkrebs und muss dem Urologen vorgestellt werden. Eine Selbsthilfe nach erfolgter Therapie in Form von Gruppen ist nicht bekannt und wahrscheinlich auch keine adäquate Form in diesem Fall, denn die Mehrzahl der Hodentumoren können wir heute dauerhaft heilen.

Penistumore

Ähnliches kann man vom Penis-Krebs für die Selbsthilfe behaupten: Allerdings liegt hier die Altersgruppe bei 60 und mehr Jahren. Auch diese Krebse könnten bei Nutzung der täglichen Hygiene und verträglichen sozialen Verhaltensformen rechtzeitig entdeckt werden. Dazu ist es allerdings erforderlich, dass beim Waschen, Duschen oder Baden gelegentlich einmal die Vorhaut über die Eichel zurückgezogen werden muss, um sie zu reinigen und zu besichtigen. Rötungen, Verhärtungen, Knoten, Blutungen auf der Eichel weisen immer auf eine Erkrankung und in dieser Altersgruppe oft auf einen Penis-Krebs hin. Oft sind falsche Scham und soziales Fehlverhalten hinderlich bei dieser Diagnose.

Nutzen Sie als Betroffene von einer Krebskrankheit Ihre Überzeugungskraft im Bekannten-, Verwandten- und Freundeskreis zur Aufklärung!

Ihre Stimme ist dabei oft gewichtiger und schwerwiegender als Aufklärung durch Funk, Fernsehen und Zeitungen.

Nierenkarzinom und Harnblasenkrebs

Auch bei zwei weiteren urologischen Erkrankungen, dem Nierenkarzinom und dem Harnblasenkrebs, besteht die größte Selbsthilfe in der Aufklärung. Beide Krebserkrankungen fallen hauptsächlich durch blutigen Urin oder Blutbeimengungen im Harn auf. Unterstützen Sie uns als Ärzte dabei, diesen Frauen und Männern frühzeitig oder rechtzeitig helfen zu können, indem dieses rote Warnsignal der Hämaturie (Blut im Urin) so ernst genommen wird, dass ein Urologe aufgesucht wird.

Nierenkrebs in frühen Stadien ist heilbar mit 5-Jahresüberlebenszeiten von mehr als 85% dieser Patientenpopulation. Aber auch fortgeschrittene Stadien, z.T. mit Tumorausläufern in der Körperhohlvene, ja sogar bis in den Herzvorhof hinein, haben bessere Chancen durch Operationen. Wir können heute auch bei Vorliegen von Metastasen in Lunge, Leber, Knochen oder Lymphknoten einem Teil dieser Krebskranken helfen, das Leben zu verlängern. Immuntherapie oder Vakzinebehandlung stellen zwar Palliativbehandlungen dar, aber bei einem Teil von Patienten können wir auch anhaltende Remissionen erzielen und bei einem Teil der Patienten einen Stillstand des Krebswachstums erreichen.

Neue Behandlungsformen mit monoklonalen Antikörpern, derzeit noch im Experimentalstadium, deuten auf völlig neue Angriffsmöglichkeiten bei der Behandlung des Nierenkrebses hin.

Bei der Entstehung von Blasenkrebs haben vor allem zwei Faktoren eine Bedeutung: Nikotin- und Schmerztabletten-Abusus (Phenacetine) über mehr als 10 Jahre. In diesem Zusammenhang zeichnet sich in den USA ein gefährlicher Trend bei Kindern und Jugendlichen ab. Es werden billige »Bidis« geraucht, d.h. Zigaretten mit Bonbongeschmack, Schokolade, Vanille, Mango oder Erdbeere. Der Nikotingehalt dieser »Bidis-Zigaretten« ist dreimal höher und der Teergehalt sogar fünfmal höher als der normaler Zigaretten und damit extrem gesundheitsschädlich. Die Nachfrage nach diesen Zigaretten hat sich in den USA um 500% erhöht. Es ist somit nur eine Zeitfrage, wann diese Welle nach Europa herüberschwappt.

Meist sind allererste Anzeichen für einen Blasenkrebs ganz harmlos schei-

nende, schmerzlose Blutbeimengungen im Urin oder aber sich häufende, länger anhaltende Blasenentzündungen.
Während als häufigste Ursache einer Hämaturie (Blut im Urin) bei jungen Frauen bis zum 30. oder 40. Lebensjahr die Blasenentzündung (Zystitis) gilt, trifft das nicht für die über 40- und 50-jährigen Frauen zu. Hier muss bei einer Hämaturie – also bei Blut im Urin – immer an ein Blasenkarzinom gedacht werden, insbesondere dann, wenn eine jahrelange Raucheranamnese vorliegt. Eine Zystitis, die nach 3 Wochen nicht ausgeheilt ist, muss als tumorverdächtig betrachtet werden und bedarf einer Blasenspiegelung durch den Urologen. Bei Männern über 50 Jahre gibt es nahezu keine Zystitis. Hierbei muss vor allem nach einer Geschwulst der Prostata, einem Blasenstein oder einem Blasenkarzinom gesucht werden.

Bei Blasengeschwülsten haben wir es in 97% der Fälle mit einem Blasenkrebs zu tun und nur 3% sind gutartige Papillome.

Es werden oberflächliche von muskelinvasiven Blasenkarzinomen unterschieden. Oberflächliche Karzinome sind relativ günstig zu beeinflussen, aber bei 70% dieser Patienten treten Rezidive auf, d.h. die Tumoren wachsen erneut nach. Oberflächliche Karzinome werden in Narkose in der Klinik mit der elektrischen Schlinge abgetragen und anschließend können ein Zytostatikum (Zellgift) oder aber abgetötete Tuberkelbazillen in die Blase eingebracht werden, zum Teil über einen Zeitraum von ein bis drei Jahren in unterschiedlichen Zeitintervallen.

Bei in die Blasenmuskulatur einwachsendem Krebs muss die Blase radikal entfernt und der Urin nach außen abgeleitet werden. Das geschieht über eine sogenannte Neoblase, über den Enddarm, über ein Ileum-Conduit oder einen katheterisierbaren Pouch.

Zur Unterstützung dieser Patienten gibt es zahlreiche Selbsthilfegruppen, die ausgezeichnete Arbeit leisten u.a. bei der Stomaversorgung oder bei der Katheterwahl und bei der Unterstützung der Patienten mit Klebeplatten. Diese Gruppen helfen auch bei sozialen Problemen, unterstützen sich mental beim Auftreten von Metastasen, z.B. auch in der Wahl der Klinik und der vertrauenswürdigen Ärzte.

Wir verfügen heute über moderne Zytostatika-Behandlungen in Form von Studienprotokollen, die auch beim Blasenkarzinom angewandt werden können und weniger belastend und komplikationsreich für Patienten sind (Taxol, Carboplatin, Gemcitabin), als in der Vergangenheit benutzte Zytostatika.

Prostatakarzinom

Das Prostatakarzinom ist der häufigste urologische Krebs der Männer. Ca. 28 000 Männer erkranken jährlich in Deutschland neu an einem Prostatakarzinom, und 11 000 Männer sterben jährlich mit oder an ihrem Prostatakarzinom. Nur die frühen Stadien T1 und T2 bieten in 80 - 90% eine Chance auf dauerhafte Heilung durch Radikaloperation und zum Teil auch durch definitive Strahlentherapie.

Innerhalb der letzten 10 Jahre werden ein Rückgang an fortgeschrittenen T3-Karzinomstadien von 65% auf 45% und eine erfreuliche Zunahme von frühen T1- und T2-Tumoren von 30% auf 55% in der Entdeckung beobachtet. Durch digital-rektale Untersuchung der Prostata und vor allem die Nutzung des PSA-Testes im Blut, beträgt das mittlere Alter der Männer derzeit 60 Jahre, die man durch eine Radikaloperation dauerhaft heilen kann. Dem selbstbewussten und allgemein gut gebildeten, älteren Patienten muss man heutzutage eine individuell angepasste Therapie vorschlagen können. Dazu müssen Arzt und Patient sich jedoch ständig weiterbilden und entwickeln. Es sollte nicht zur Normalität gehören, dass erst der Patient seinen Urologen auf moderne Therapiemöglichkeiten hinweisen muss.

Nehmen Sie Einfluss auf die Therapieentscheidung, holen Sie, allerdings ohne Zeitverzug, eine zweite Meinung ein, nehmen Sie nicht zuviel Rücksicht auf die Befindlichkeiten Ihres Doktors. Es geht dabei um Ihr Leben und Ihre Gesundheit.

Die radikale Prostataentfernung ist nur sinnvoll in den frühen Stadien T1 und T2, denn bei fortgeschrittenen Stadien treten innerhalb von 5 Jahren auch nach Radikaloperation lokale Rezidive und Metastasierung bis 65% auf. Die Radikaloperation kann vom Bauchschnitt aus (retropubisch), vom Damm her (perineal) und neuerdings auch laparoskopisch (Bauchspiegelung) ohne große Schnittoperation vorgenommen werden.

Für fortgeschrittene T3-Karzinome ohne Metastasen, aber auch bei fehlender OP-Bereitschaft oder höherer Komorbidität der Männer, nutzen wir vor allem die Strahlentherapie in Form der konformalen Strahlentherapie und neuerdings der IMRT (Intensitätsmodulierte Strahlentherapie) oder auch die Brachytherapie mit Jod- und Palladium-Seeds sowie das Iridium-Afterloading-Verfahren in Kombination mit perkutaner Strahlentherapie. Eine weitere neue Möglichkeit stellt die Kombination von Hyperthermie plus Strahlentherapie dar. Die letztgenannten Therapiemodalitäten erfolgen in der Urologischen Klinik an der Charité selbstverständlich im Rahmen von wissenschaftlich exakten Therapieprotokollen.

Hormonvorbehandlungen vor kurativen Eingriffen wie Radikaloperation oder Strahlentherapie, wie sie leider sehr häufig vorgenommen werden, entbehren der wissenschaftlichen Begründung einer nachweisbaren Wirksamkeit und Nützlichkeit, wenn sie außerhalb von Protokollen vorgenommen werden.

Die Hormontherapie bleibt dem metastasierten Prostatakarzinom vorbehalten. Sie hat meist eine zeitlich begrenzte Wirksamkeit, danach wächst der Krebs weiter und andere Therapiekombinationen müssen angewandt werden wie andere Hormone, Glukokortikoide und evtl. Zytostatika. Auch Strahlentherapie und Radiopharmaka wie Strontium 89, Rhenium 186 und Samarium werden erfolgreich zur Eindämmung der Metastasenschmerzen angewandt.

In 10 bis 15 Jahren werden bei steigender Lebenserwartung Krebserkrankungen die häufigste Todesursache sein, und nur die Hälfte der krebskranken Menschen kann geheilt werden.

Deutschland erscheint wegen der primär ökonomisch ausgerichteten Denk- und Handlungsweise auch in der Medizin nicht dafür gerüstet zu sein, unheilbar erkrankten Menschen ein Leben und Sterben in Würde zu ermöglichen.

Die Palliativmedizin bleibt ein Stiefkind der Medizin. Nur an wenigen Orten in Deutschland gibt es Fortbildungskurse für Ärzte und Krankenpflege in Schmerztherapie, Symptomenkontrolle, Kommunikation, Ethik, Umgang mit Schmerz, Sterben, Tod und Trauer. Von den derzeitig in Deutschland existierenden 65 Palliativstationen und 77 Hospizen werden mit der Einführung der DRGs (Diagnose bezogene Gruppen) bis 2003 eine große Anzahl dieser Einrichtungen geschlossen werden, da sie wahrscheinlich im Sinne der deutschen Ökonomie nicht rentabel arbeiten. Die Palliativmedizin richtet ihre Bemühungen nicht auf das medizinisch-technisch Machbare, sondern das medizinisch-ethisch Vertretbare.

Auch die Schmerztherapie nach dem Stufenplan der WHO zur Behandlung von Tumorschmerz wird oft unzureichend durchgeführt.

Es soll abschließend auf die Möglichkeiten der Chemoprävention von Tumorerkrankungen hingewiesen werden, was man selbst noch dazu beitragen könnte, der Krebsentwicklung und evtl. auch dem Wachstum entgegenzuwirken.

Es handelt sich um die Stoffgruppen der Antioxidantien, die freie Radikale binden und um antientzündlich wirkende Substanzen wie:

Terpenoide (z.B. in Karotten)
Vitamin C (z.B. in Zitrusfrüchten, Gemüse, Obst, Kartoffeln)
Vitamin E (z.B. Weizenkeimöl)
Polyphenole (z.b. in grünem Tee, Nüssen)

Ganz allgemeine Empfehlungen für mögliche Gegenregulationen einer Krebsentstehung, die ohne Aufwand und von jedem Menschen einfach realisiert werden können, sind:

- Übergewicht reduzieren (Fettgewebe hat hormonelle Aktivitäten)
- Tausch von Tierfetten gegen Pflanzenfette (z.B. Olivenöl)
- Verzehr von antioxidativen Substanzen (Gemüse, Obst)
- vermehrte Aufnahme von sekundären Pflanzenstoffen wie Carotinoiden und Flavonoiden (z.B. Lycopin der Tomate), Indol-3-Karbinol (Brokoli, Kohl) und Phytoöstrogene (Sojaprodukten)
- wenig Alkohol (beeinflusst den Östrogenstoffwechsel, besonders bei Frauen)
- körperliche Aktivitäten (mind. 3x pro Woche 30 Minuten)

Abschließend noch einige Sätze speziell zum Prostatakarzinom und den Problemen der Krebs-Begegnung im weitesten Sinne.

Auch späte Lebenseinflüsse, einschließlich Fetthaushalt-Reduzierung und andere Änderungen der Ernährungsgewohnheiten, können Prostatakarzinom-Entwicklungen signifikant günstig beeinflussen (z.B. Japaner und Spanier haben in den USA 3-4 fach höhere Krebsraten als im Heimatland).

Sojaprodukte hemmen die Gefäßneubildung (Angiogenesen) und beschleunigen den Zelltod (Apoptose).

Vitamin E allein zeigte bei Rauchern und solchen, die vor kurzen aufgehört hatten zu rauchen, einen Einfluss auf Prostatakarzinom-Inzidenz. Alternierende Zuführung von Vitamin E, B-Karotin, Multivitamine und Vitamin C wird derzeit in großen Studien überprüft.

Selenium und Zink zeigten in Zellkulturen nur experimentell einen Einfluss auf den experimentell herbeigeführten Zelltod (Apoptose), klinische Daten liegen nicht vor.

Lycopine, gefunden in gekochten Tomatenprodukten, verursachten eine PSA-Absenkung im Blut; eine höchst interessante Entwicklung deutet sich damit an.

Pflanzliche Mittel und PC-SPES, lediglich eine Kombination von 8 Pflanzenextrakten (PC-SPES), hat nachweislich eine starke östrogene Aktivität mit PSA-Absenkung,leider auch die bekannten Östrogennebenwirkungen wie Libidoverlust, erektile Dysfunktion, Haarverlust, Ödeme, Brustvergrösserung und Schmerzhaftigkeit. 4 Kapseln/d kosten pro Monat 500 $. Das gibt es preiswerter mit Turisteron, einem natürlichen Östrogen, das als Dragee einmal pro Woche eingenommen wird.

Bei Wiederkehr des Krebses nach Radikaloperation oder Strahlentherapie, durch PSA-Anstieg erkennbar, kommen zahlreiche Behandlungsmöglichkeiten in Frage. Die Möglichkeiten hängen stark von dem Wissenszuwachs und vom Kenntnisstand des Urologen ab und betreffen:

- Radiotherapie
- Hormontherapie und Kombinationen (z.B. Finastarid und Flutamid, Antiandrogene plus Glukokortikoide, Hormone plus neuere Zystostatika) wie beispielsweise Taxane.
- Gentherapie, Immunovakzine, monoklonale Antikörper, Angiogenese-Hemmer, 12-Monats-LH-RH-Depot.

»Es gibt nichts, was unheilbar ist; nur Dinge, für die noch keine Heilung gefunden wurde« (B. Baruch).

Dr. Helmut Oettle, Prof. Dr. Hanno Riess

Charité, Medizinische Klinik und Poliklinik m. S. Hämatologie und Onkologie

Das Pankreaskarzinom (Bauchspeicheldrüsenkrebs)

Die Diagnose Krebs ist für viele Patienten mit großen Ängsten, Sorgen und Hilflosigkeit verbunden, wobei sich die Prognose der Krankheit durch die modernen, adäquaten Behandlungsangeboten in den letzten Jahren weiter verbessert hat.

Es sind nicht nur die ärztlichen und psychologischen Bemühungen, die das Leben des Krebskranken verlängern, wenn nicht sogar zur Heilung führen, sondern in zunehmenden Maße ist es auch die Möglichkeit, Behandlungen im ambulanten Bereich durchzuführen und nur den kritisch Kranken stationär zu versorgen. Hierfür muss aber auch eine qualifizierte Krebskrankenpflege im ambulanten Bereich zur Verfügung stehen, die z.B. eine Scherztherapie unter Anleitung weiterführt oder eine Ernährung des Patienten, ggf. über die Vene, gewährleistet.

Es gilt, die Lebensqualität des chronisch Krebskranken zu verbessern, denn Beschwerden, hervorgerufen durch die Erkrankung oder auch therapiebedingte Komplikationen, belasten den Krebspatienten physisch und psychisch zusätzlich.

Eingebunden in ein modernes Behandlungsteam, das in enger Kooperation zwischen ambulanten und stationären Spezialisten steht, können die auftretenden Beschwerden heute gut beherrscht werden.

Aufbau und Lage der Bauchspeicheldrüse

Die ca. 15 cm lange und 70 g schwere, s-förmig gekrümmte Drüse, bestehend aus einem Kopf, einem Körper und einem Schwanz, liegt in Höhe des 1. bis 2. Lendenwirbelkörpers, hinter dem Bauchfell und zeigt eine läppchenförmige Oberfläche. Der Hauptausführungsgang (Ductus pancreaticus) nimmt über zahlreiche kleine Seitenäste die Bauchspeicheldrüsensekrete auf und leitet sie über eine Papille in den Zwölffingerdarm ein.

Funktion der Bauchspeicheldrüse

Endokrine Funktion

Die Bildung und Sezernierung (Abgabe) von Hormonen wird als endokrine Funktion der Bauchspeicheldrüse bezeichnet. In den B-Zellen der Langerhans'schen Inseln werden Hormone gebildet und bei Bedarf in die Blutbahn ausgeschüttet. Das bekannteste ist das Insulin, das regulierend bei der Verwertung von Zucker (Kohlenhydraten) eingreift. Wenn ein Insulinmangel besteht, leidet der Mensch an Diabetes mellitus. In den A-Zellen wird ein weiteres Hormon, das Glukagon, gebildet, das den in der Leber gespeicherten Zucker mobilisieren kann und somit als Gegenspieler des Insulins wirkt. Die Hormone spielen jedoch nicht nur im Kohlenhydratstoffwechsel, sondern auch im Eiweiß- und Fettstoffwechsel eine nicht zu unterschätzende Rolle.

Als Ernährungsstoffwechsel werden die gesamten Vorgänge des Abbaus und der Umwandlung von Nahrungsbestandteilen zum Aufbau von körpereigenen Substanzen und zur Energiegewinnung bezeichnet.

Exokrine Funktion

Das Produkt der exokrinen Funktion ist der Verdauungssaft. Täglich werden etwa zwei Liter Pankreassaft in den Zwölffingerdarm abgegeben. Neben Wasser und Elektrolyten enthält der Saft Enzyme. Die Pankreasenzyme dienen zur Eiweiß-, Fett- und Kohlenhydratverdauung.

- Proteasen (Enzyme, die Proteine spalten). Hierzu gehören Trypsin, Chymotrypsin, Elastase, Carboxypeptidasen (= Proteasen der Bauchspeicheldrüse. Proteasen werden auch im Magen gebildet, z. B. Pepsin).
- Lipase (Enzyme, die Fette spalten) wird ausschließlich in der Bauchspeicheldrüse produziert.
- Amylasen (Enzyme, die Kohlenhydrate spalten) befinden sich im Saft der Bauchspeicheldrüse und Mundspeicheldrüsen

Für jeden Nährstoff stehen spezielle Enzyme zur Verfügung. Eiweiß, Fett und Kohlenhydrate sind die Hauptnährstoffe. Die Aufgabe der Enzyme besteht darin, Eiweiß, Fett bzw. Kohlenhydrate in ihre kleinsten Bausteine aufzuspalten.

Die kleinsten Eiweißbausteine heißen Aminosäuren. Kohlenhydrate werden in Einfachzucker (Monosaccharide) abgebaut. Aus den Fetten entstehen Glycerin und freie Fettsäuren. Diese Aufspaltung ist die Voraussetzung zur Aufnahme (Resorption) der Nährstoffe durch die Dünndarmschleimhaut in das Blut oder in die Lymphe. Die zerlegten Nährstoffe können schließlich zur Energiegewinnung oder zum Aufbau von Körpersubstanzen genutzt werden.

Allgemeines

Das Pankreaskarzinom ist nach dem Magenkarzinom und dem kolorektalen Karzinom der dritthäufigste Tumor des Verdauungstraktes.

In der Bundesrepublik Deutschland steht es in der Letalitätsstatistik aller bösartigen Tumoren an fünfter Stelle.

Die Prognose der Erkrankung ist von der Feingeweblichenuntersuchung und dem Grad der Ausbreitung abhängig.

Diagnostik des Pankreaskarzinoms

Die häufigsten klinischen Symptome sind bei Tumoren im Pankreaskopfbereich Gewichtsverlust, Übelkeit, Schmerzen im Oberbauch und Ikterus (gelbliche Verfärbung der Haut).

Tumoren im Korpus- und Schwanzbereich geben sich durch Rückenschmerzen zu erkennen.

Laborchemisch können die Pankreasenzyme sowie verschiedene Leberenzyme erhöht sein. Als spezifischer Tumormarker gilt das CA 19-9. Dieser Marker ist in fortgeschrittenen Stadien in 80% der Fällte erhöht und kann exzessive Werte von mehreren zehntausend Einheiten aufweisen. Das CEA ist nur in 30%–40% der Fälle erhöht.

Sonographie (Ultraschall). stellt das primäre Screeningverfahren dar, mit dem 70% der Pankreastumoren diagnostiziert werden können. Karzinome mit einem Durchmesser von weniger als zwei Zentimetern sowie Karzinome im Schwanzbereich werden durch die Sonographie oft nicht erkannt.
Computertomographie. Für die Beurteilung der Schwanzregion, eines organüberschreitenden Wachstums und von vergrößerten Lymphknoten,

ERCP (Endoskopische Retrograde Cholangiopankreatographie) ist die wichtigste Untersuchungsmethode zum Nachweis eines Pankreaskarzinoms.

Endosonograpie: erlaubt die direkteste Beurteilung des Pankreas und gibt Auskunft über ein organüberschreitendes Wachstum und Vergrößerung der Lymphknoten.

Angiographie mit indirekter Splenoportographie: ist bei operabel erscheinenden Tumoren zwingend erforderlich, um eine Aussage über die arteriellen und portalvenösen Gefäßverhältnisse machen zu können.

Feinnadelpunktion: Soll bei inoperablen Tumoren zur Sicherung der feingeweblichen Diagnose unbedingt durchgeführt werden.

Laparoskopie: Kann der exakten Beurteilung der Tumorausdehnung dienen. Die Frage der Resektabilität lässt sich mit dieser Methode besser beantworten als mit indirekten, bildgebenden Verfahren.

Therapie des Pankreaskarzinoms

Das Pankreaskarzinom hat von allen gastrointestinalen Tumoren die ungünstigste Prognose.

Eine Heilung ist nur chirurgisch erreichbar.

Lediglich ein kleiner Teil der Patienten ist wirklich resektabel. Über die Möglichkeit einer onkologisch radikalen Operabilität kann oft nur die Laparotomie oder ggf. eine Laparoskopie entscheiden.

Zur Therapieplanung sind zu berücksichtigen:

1. Histologie (feingewebliche Untersuchung)
2. Lage des Tumors im Pankreas
3. Ausbreitung in die Umgebung
4. Nachweis von Lymphknoten- und/oder Fernmetastasen
5. Alter, Allgemein- und Ernährungszustand
6. Begleiterkrankungen

Pankreasresektion wegen Pankreaskarzinom

Tumorerkrankungen der Bauchspeicheldrüse können eine teilweise oder totale chirurgische Entfernung der Bauchspeicheldrüse erforderlich machen.

In den letzten Jahren wurden erhebliche Fortschritte in der Pankreaschirurgie erzielt, was zu einer Senkung des Operationsrisikos geführt hat.

Ein operativer Behandlungsansatz sollte nur in erfahrenen Chirurgischen Zentren mit einer hohen Resektionsrate pro Operateur durchgeführt werden. Die Zeit bis zur Operation sollte auf ein Minimum reduziert werden. Dadurch erhöht sich auch die Resektionsquote von 10–15% auf 20–25% [5].

In den westlichen Industriestaaten nehmen die Pankreastumore in den letzten Jahren an Häufigkeit zu. Es wird angenommen, dass die Zunahme mit ungünstigen Ernährungsgewohnheiten zusammenhängt.

Hierbei scheint der Alkoholkonsum, das Zigarettenrauchen sowie der verstärkte Verzehr von Fett und Fleisch eine Rolle zu spielen.

In Abhängigkeit davon, ob Pankreaskopf oder Pankreasschwanz entfernt werden oder eine totale Pankreatektomie vorgenommen werden muss, kommt es zu

Sekundärerkrankungen wie Verdauungsstörungen und/oder Diabetes.

Bei der totalen Pankreatektomie sowie der sogenannten Whipple-Operation (Pankreaskopf-Resektion) wird 2/3 des Magens entfernt. Dies kann zu einer »Dumpingsyndrom-Symptomatik« führen. Die Ursache des sogenannten »Früh-Dumpings« ist der »sturzartige« Übertritt des Nahrungsbreis in den oberen Dünndarm (Zwölffingerdarm). Als Folge wird die Darmwand überdehnt. Bei einer hohen Osmolarität (hohe Konzentration osmotisch wirksamer Teilchen) des Speisbreis tritt Flüssigkeit aus der Blutbahn in den Darm über.

Das Früh-Dumpingsyndrom ist gekennzeichnet durch Bauchschmerzen, Schweißausbruch und Durchfall.

Bei Patienten mit Zustand nach Pankreaskopf-Resektion (Whipple-Operation) kann es ferner zum »Spät-Dumping« kommen. Durch den beschleunigten Übertritt des Speisebreis in den Dünndarm kommt es nach Verzehr von zuckerreichen Speisen zu einer raschen Aufnahme des Zuckers (Glukose) ins Blut. Der hohe Blutzuckerspiegel bewirkt eine Insulinausschüttung, die überschießend erfolgen kann. Dies führt etwa 2 Stunden nach der Nahrungsaufnahme zu einer Unterzuckerung (Hypoglykämie).

Als Symptome werden u. a. Schweißausbruch, Zittern, Heißhunger, Blässe, Schwindel und Konzentrationsschwäche beschrieben.

Pankreaskopf-Resektion (Whipple-Operation)

Operative Entfernung
- des Pankreaskopfes,
- von 2/3 des Magens,
- des Zwölffingerdarms,
- der Gallenblase.

Der Pankreasschwanz bleibt in Verbindung mit dem Dünndarm erhalten.

Für Patienten nach Pankreaskopfresektion gelten die allgemeinen Richtlinien der Basisdiät. Die Kost soll ausgewogen und vollwertig sein, d. h. alle Nährstoffe und Spurenelemente, sowie Wasser müssen in ausreichender Menge enthalten sein. Die Energiezufuhr soll dem Energiebedarf entsprechen. Die Basisdiät unterscheidet sich von der Vollkost dadurch, dass Lebensmittel, die Unverträglichkeitserscheinungen (z. B. Blähungen, Druckgefühl, Schmerzen, Durchfall) auslösen, weggelassen werden.
Es gibt keine festen Listen mit »erlaubten« und »verbotenen« Lebensmitteln. Was der eine Patient verträgt, das kann beim anderen Bauchschmerzen verursachen. Testen Sie selbst aus, welche Nahrungsmittel Sie vertragen und welche nicht. Manchmal kommt es vor, dass ein Lebensmittel im rohen Zustand nicht vertragen wird, in gekochter Forum sehr wohl.

Allgemeine Tipps

- Gestalten Sie die Mahlzeiten nicht zu umfangreich. Statt 3 große Mahlzeiten pro Tag zu essen, ist es günstiger, das Essen auf 5-7 kleinere Mahlzeiten zu verteilen.
- Beachten Sie Ihre individuellen Nahrungsmittelunverträglichkeiten.
- Zuckeraustauschstoffe (Sorbit, Xylit) können stark blähen.
- Kein Alkohol!

- Kein Nikotin!
- Vorsicht bei zu heißen und zu kalten Speisen.
- Übereiltes oder hastiges Essen vermeiden; immer ausreichend kauen.
- Vermeiden Sie stark gewürzte, gesäuerte und gesalzene Speisen, wie z. B. Salzheringe, fette Räucherwaren, Essiggemüse.

Durch den Verlust der exokrinen Funktion der Bauchspeicheldrüse müssen Enzyme substituiert werden. Fragen Sie Ihren Arzt ob die Substitution von fettlöslichen Vitaminen (Vitamin A, D, E, K) sowie über die Gabe von Vitamin B 12 bei Ihnen sinnvoll ist.

Bei bestehender Dumpingsyndrom-Symptomatik gelten folgende Ernährungsvorschläge:

- häufige kleine Mahlzeiten (8–10)
- Getränke zwischen den Mahlzeiten
- Verzehr von schnellresorbierbaren Kohlenhydraten (Zucker, Süßigkeiten usw.) einschränken.
- bei ausgeprägter Symptomatik die Mahlzeiten liegend einnehmen.

Pankreasschwanz-Resektion

Nach Pankreasschwanz-Resektion, der operativen Entfernung von unterschiedlich großen Teilen des Pankreas vom Pankreasschwanz her, muss mit einem insulinpflichtigen Diabetes mellitus gerechnet werden, der einer Behandlung mit Insulin und Diät bedarf.

Die Diabetes-Diät gestaltet sich bei diesen Patienten oft schwieriger, da nicht nur Insulin, sondern auch das Hormon Glukagon fehlt. Als Typ 1 bezeichnet man den Diabetes, der mit einem absolutem Insulinmangel einhergeht. Insulin muss gespritzt werden. Die Glukagonproduktion ist nicht beeinträchtigt. Der Typ 2 Diabetes mellitus wird landläufig als »Alterdiabetes« tituliert. Typ 2 Diabetiker leiden unter einem relativen Insulinmangel. Der Stoffwechsel lässt sich meist mit Diät oder Diät in Kombination mit Medikamenten einstellen. Auch bei Typ 2 Diabetes wird weiterhin Glukagon synthetisiert (produziert).

Aufgrund des Fehlens von Insulin und Glukagon besteht eine Dysregulation des Blutzuckers, mit Neigung zu Hypoglykämien (Unterzuckerungen). Insofern ist eine konsequente Insulintherapie mit engmaschigen

Blutzuckerkontrollen unerläßlich. Aus Platzgründen kann auf die Diabetes-Diät im Einzelnen nicht eingegangen werden. Die Teilnahme an einer strukturierten Diabetesschulung ist unumgänglich. Hauptschwerpunkte einer Schulung sind: Insulinwirkung, Spritztechnik, Blutzuckerkontrolle, Verhalten bei schweren Hypoglykämien, Blutzuckeranpassung, Ernährung, Sport, Krankheit und Reisen.

Tipps zur Ernährung

Fertiggerichte sind langweilig und längst nicht so wertvoll wie es die Werbung verspricht.

Kochen Sie lieber selbst, denn dann können Sie nicht nur für eine ausgewogene Kost sorgen, sondern auch das Essen durch Auswahl und Zubereitung energiereicher gestalten.

Kreativität beim Ausprobieren neuer Rezepte lohnt sich. Vermeiden Sie lange Warmhaltezeiten des Essens, ggf. das Essen kaltstellen und bei Bedarf im Mikrowellenherd kurz erhitzen. Eine Ernährungseinschränkung, z. B. nur ein Ei oder höchstens zweimal Fleisch pro Woche gibt es nicht.

Enzymsubstitution

Zur Behandlung der Pankreasinsuffizienz (nach Operation oder tumorbedingt) ist eine Enzymsubstitution unerläßlich. Die Enzympräparate, die zur Verfügung stehen, enthalten Pankreatin aus tierischen Bauchspeicheldrüsen. Pankreatin ist ein Gemisch der entsprechenden Enzyme für die Verdauung von Eiweiß (Proteasen), Kohlenhydrate (Amylasen) und Fett (Lipasen). Der Enzymgehalt ist in der Produktbezeichnung enthalten (Kreon 25.000 entspricht 25.000 internationalen Einheiten Lipase).
Die Präparate sind magensaftresistent und entwickeln im oberen Dünndarm ihre optimale Wirkung. Das Pankreasenzympräparat sollte zu den Mahlzeiten genommen werden. Ungünstig ist es, die Kapseln oder das Granulat mit großen Flüssigkeitsmengen vor dem Essen einzunehmen. Die Einnahme der Enzyme nach dem Essen ist genauso ungünstig, da, je nach Zusammensetzung des Speisebreis, bereits ein Teil in den Dünndarm abgegeben worden sein könnte. Wenn mehrere Kapseln eingenommen werden, empfiehlt es sich, die Gesamtdosis über die Mahlzeit verteilt einzunehmen. Ebenfalls ungünstig ist es, die Kapseln erst am Ende der Mahlzeit einzunehmen, da, je nach Konsistenz und Zusammensetzung

der Mahlzeit, ein Teil ohne Enzyme in den Dünndarm gelangen kann.

Die Dosierung bestimmt der Arzt gemeinsam mit dem Patienten.

Sie richtet sich nach dem Grad der Verdauungsschwäche, nach dem Enzymgehalt des Präparats und nach der Portionsgröße sowie der Zusammensetzung der Nahrung. Ist die Verdauungsleistung nur mäßig eingeschränkt, genügen möglicherweise zwei Kapseln pro Hauptmahlzeit und eine pro Zwischenmahlzeit. In diesem Falle gestaltet sich die Einnahme der Pankreasenzyme sehr einfach. Ist die Verdauungsschwäche allerdings stärker ausgeprägt, dann kann die Dosis erheblich höher sein und muss genauer berechnet werden. Eine tägliche Enzymdosis von 15.000–20.000 Einheiten Lipase pro kg Körpergewicht für Erwachsene sollte nicht überschritten werden.

Folgende Symptome deuten auf eine ungenügende Enzymdosierung hin:

- Fettstühle,
- Gewichtsabnahme,
- Hunger, Blähungen.

Die Menge der notwendigen Enzyme ist bei jeder Mahlzeit unterschiedlich. Sie wird nach dem Fettgehalt der Nahrung (bis zu 2.000 Einheiten Lipase pro Gramm Nahrungsfett) berechnet. Kinder oder Erwachsene mit Mukoviszidose, die über keinerlei eigene Verdauungsleistungen der Bauchspeicheldrüse mehr verfügen, sollten auch bei einer »reinen Kohlenhydratkost« (Obst, Gemüse oder Brot) eine geringe Enzymmenge einnehmen. Die genannten Lebensmittel sollten mit wenigstens 5.000 Einheiten Lipase verdaulich gemacht werden.

Hilfreich zur Optimierung der Enzymdosierung ist das Führen eines Enzymprotokolls, in dem das Präparat, die Dosierung pro Mahlzeit und pro Tag sowie Besonderheiten wie Durchfall, Erbrechen, Fieber usw. angegeben sind.

Strahlentherapie

Auch mit der Bestrahlung kann eine Heilung beim Pankreaskarzinom nicht gewährleistet werden.

Die Strahlentherapie kann die Größe des Tumors verringern und die Symptome der Krankheit mildern.

Bei der Strahlentherapie wird ein unsichtbarer Strahl wird auf eine vorher bestimmte Körperstelle gerichtet. Dank der heutigen Medizin kann man ihn bereits sehr genau dosieren. Hierdurch werden die anderen Körperregionen verschont und die Nebeneffekte verringert.

Die moderne Medizin setzt alles daran, dass diese wichtige Therapieform immer besser vertragen wird.

Nicht jeder Patient wird also heute unter den gleichen Problemen zu leiden haben. Aber trotz absehbarer Nebenwirkungen überwiegen die Vorteile der Strahlentherapie.

Vor den Risiken einer Strahlentherapie sollten sich krebskranke Menschen keine Sorgen machen. Um nahestehende Freunde und Verwandte nicht unnötig den Strahlen auszusetzen, werden Sie im Behandlungsraum allein sein. Aber das braucht Sie nicht zu beunruhigen. Auch wenn Sie dort allein sind, hat das Fachpersonal über einen Fernsehmonitor ständig mit Ihnen Kontakt.

Ihre spezielle Behandlung und die zu erwartenden Nebenwirkungen sollten Sie eingehend mit Ihrem Strahlentherapeuten besprechen.

Chemotherapie

Die Chemotherapie umfasst unterschiedliche Behandlungsformen mit Medikamenten. Ziel dieser Therapie ist es, die Krebszellen abzutöten.
Es gibt heute ein breites Spektrum an Chemotherapeutika, die auf ganz unterschiedliche Weise Krebszellen vernichten und sich in ihrer Wirkung ergänzen. Weil sie unterschiedlich wirken, verursachen sie auch unterschiedliche Nebenwirkungen.

Wie kommt es zu den Nebenwirkungen bei der Chemotherapie?

Die Chemotherapie macht keinen Unterschied bei der Bekämpfung von Krebszellen und schnell wachsenden, gesunden Zellen, wie die der Magenschleimhaut, des Darmtraktes, des Knochenmarks und der Haare.

Sie werden ebenso von den Medikamenten betroffen, wie die Tumorzellen. Darin liegt auch der Grund, weshalb es zu den am häufigsten zu beobachtenden Nebenwirkungen kommt: Übelkeit, Erbrechen, Durchfall, Haarausfall; nach längerer Behandlung kann auch eine Verminderung des Hämoglobingehaltes, der weißen Blutkörperchen und Blutplättchen eintreten.

Wichtig ist es zu wissen, dass viele Chemotherapiepatienten keine oder nur sehr geringe Nebenwirkungen verspüren. Leider lässt sich nicht voraussagen, wer von Nebenwirkungen betroffen sein wird oder wer nicht.

Es stellt sich jedoch immer wieder heraus, dass umso positiver ein Patient der Behandlung gegenübersteht und sie innerlich für sich annimmt, desto besser die Chemotherapie verträgt.

Treten Nebenwirkungen dennoch auf, kann der erfahrene Onkologe helfen. Er kennt viele Medikamente, die heute fast alle Nebenwirkungen wirkungsvoll bekämpfen können. Und eines ist besonders wichtig:

Besprechen Sie alles, was Sie wissen möchten, mit Ihrem Therapeuten. Es geht schließlich um Sie. Zu diesem Thema gibt es keine unwichtigen Fragen!

Meist kann die Krebsbehandlung auch ambulant durchgeführt werden. Sprechen Sie am besten mit Ihrem Arzt darüber. Er wird Ihnen erklären, welche Therapien erforderlich sind. Und er wird Ihnen einen genauen Fahrplan für eventuell nötige Tabletteneinnahmen, subkutane Injektionen, intravenöse Chemotherapien oder andere geeignete Behandlungsmethoden mitgeben.

Sie sollten den Behandlungsplan mit Ihrem Facharzt für Tumorerkrankungen besprechen. Die Entwicklung in der Behandlung dieser Erkrankung hat in den letzten Jahren erfreuliche Fortschritte gemacht.
Als Standardtherapie hat sich ein neues Chemotherapeutikum mit dem Namen Gemzar, (Gemcitabin) durchgesetzt. Eine Reihe von klinischen Untersuchungen weisen daraufhin, dass Kombinationsbehandlungen z.B. mit 5-FU (24 Stunden) und Folinsäure oder Cisplatin bessere Ergebnisse zeigen als die Einzeltherapeutika. Diese Ergebnisse konnten im Rahmen von sogenannten Therapieoptimierungsstudien erreicht werden. Nicht durch den individuellen Heilversuch, der vielerorts durchgeführt

wird, sondern nur durch kontrollierte Untersuchungen kann ein Behandlungsfortschritt erreicht werden.

Deshalb erkundigen Sie sich bei Ihrem Arzt ob Sie an einer kontrollierten Untersuchung mitmachen können. Es gibt auch neue vielversprechende Medikamente die zur Zeit in der klinischen Prüfung sind.
Mit der Teilnahme an einer solchen Untersuchung können Sie sich und anderen zukünftig helfen.

Immer häufiger wird zur Medikamentenverabreichung bei Patienten ein sogenannter Port implantiert. In der Regel ist dies eine aus Metall bestehende hohle Halbkugel, so groß, wie ein Zwei-Mark-Stück, die an ihrer Rundung durchbohrt ist und dort einen dicken Latexpuffer trägt. Der Port ist mit einem Katheter verbunden, der in ein großes Blutgefäß mündet. Die Vorteile sind beträchtlich: über den Port können, bei voller Bewegungsfreiheit, ununterbrochen Medikamente mit Hilfe von speziellen Pumpen verabreicht werden. Und selbst bei schlechten Venenverhältnissen lässt sich über den Port problemlos Blut abnehmen. Sie sollten auf – Rötung oder Überwärmung, Schwellung oder Druckempfindlichkeit im Bereich des Ports, die früher nicht vorhanden waren achten.

Gehören Sie zu den Patienten, die eine Dauerinfusion über den Port erhalten bzw. bei denen eine Dauerpumpe angeschlossen ist, beachten Sie bitte folgendes:

- tragen Sie immer eine Klemme bei sich, falls sich nicht schon eine Klemme an der Portnadel befindet. Sollten Sie bemerken, dass die Infusionsleitung oder die Leitung zur Pumpe defekt ist und Blut austritt, klemmen Sie den Schlauch über dieser Stelle ab, und rufen Sie sofort den Arzt.
- kontrollieren Sie, ob die Infusion richtig einläuft bzw. die Pumpe ordnungsgemäß funktioniert. Falls es Probleme gibt, rufen Sie sofort den Arzt.
- duschen Sie mit dem Rücken zum Duschkopf, damit die Injektionsstelle und der Verband trocken bleichen.
- wechseln Sie Ihre Kleidung, wenn sie nass wird.
- wenn Sie die Infusion oder die Pumpe entfernen, kontrollieren Sie bitte den Port auf Rötung, Schwellung, Druckschmerz bzw. Druckempfindlichkeit.
- versorgen Sie den Port selber und legen sich ggf. auch selber eine

Infusion an, lassen Sie sich von Ihrem Arzt oder der zuständigen Schwester das richtige Vorgehen zeigen.
- keine Aktivitäten unternehmen, bei denen sich die Injektionsnadel oder der Infusionsschlauch lösen könnten.
- verzichten Sie vor allem auf Tätigkeiten, bei denen die Arme übermäßig stark bewegt werden müssen – zum Beispiel Wäsche aufhängen, Betten beziehen, Holz hacken, etc.

Informieren Sie Ihren Arzt auch:

- sobald Ihre Temperatur über 38,0° C – unter der Achsel gemessen – ansteigt.
- falls Sie länger als einen Tag unter Durchfall leiden.

Untersuchungen

Vor, während und auch nach Ihrer Tumorbehandlung werden Sie sich immer wieder Untersuchungen unterziehen müssen. Mit diesen Untersuchungen werden Therapiewirkung und therapiebedingte Nebenwirkungen überprüft.

Die wichtigsten Untersuchungsstationen:

Zunächst wird regelmäßig Ihr körperlicher Zustand vor den einzelnen Therapien geprüft. Hinzu kommen periodische Blutwertkontrollen, Ultraschalluntersuchungen verschiedener Körperabschnitte, und Röntgenuntersuchungen.

Wie der Therapieverlauf gesteuert wird hängt von den sogenannten Staging-Untersuchung ab. Bei dieser Untersuchung werden in der Regel alle Untersuchungen wiederholt, die zur Diagnose Ihrer Erkrankung geführt haben. Es handelt sich also um eine Verlaufsuntersuchung, die Aufschluss über den Therapieerfolg geben soll.

Seien Sie versichert, dass Ihre Ärzte die Ängste, die Sie empfinden und die Sorgen, die Sie sich machen, verstehen.

Sie werden deshalb immer bemüht sein, Ihnen die Ergebnisse Ihrer Untersuchungen möglichst schnell mitzuteilen. Und eines dürfen Sie nicht aus den Augen lassen:

Dr. Helmut Oettle, Prof. Dr. Hanno Riess

Letztendlich dienen diese regelmäßigen Untersuchungen Ihrer Gesundheit. Sie geben Ihnen die Sicherheit, die Sie im Umgang mit Ihrer Erkrankung und für Ihr Leben brauchen.

Appetitlosigkeit

Wenn Sie einmal keinen großen Appetit verspüren, ist das noch kein Grund zur Sorge. Von Appetitlosigkeit spricht man erst, wenn jemand nichts oder auf Dauer weniger isst, als er es normalerweise tut.

Welche Gründe hat Appetitlosigkeit?

Appetitlosigkeit kann ganz unterschiedliche Ursachen haben. Hier einige Beispiele: Schwierigkeiten beim Schlucken, Erbrechen, Übelkeit, Änderung der Geschmacks- oder Geruchsempfindung, Völlegefühl, Tumorwachstum, Depressionen oder Schmerzen. Appetitlosigkeit ist jedoch in den meisten Fällen ein vorübergehendes Problem.

Dies sollten Sie beachten:

- essen Sie soviel und sooft Sie möchten.
- betrachten Sie das Essen als einen wichtigen Bestandteil Ihrer Behandlung.
- verwöhnen Sie sich jetzt öfter mit Ihren Lieblingsgerichten, auch wenn Sie nur kleine Portionen mögen.
- versuchen Sie, ausgiebig zu frühstücken.
- wählen Sie Speisen mit hohem Kaloriengehalt, die leicht zu essen sind.
- trinken Sie nicht zu den Mahlzeiten, sondern immer nur dazwischen. Ein Sättigungsgefühl kommt dann beim Essen nicht so schnell auf.
- essen Sie Ihre Speisen kalt oder bei Zimmertemperatur – das mildert den Geruch und den Geschmack.
- falls Ihre Appetitlosigkeit länger anhält, sollten Sie möglichst viel Eiweiß zu sich nehmen. Rezept für eine kalorien- und eiweißreiche Zusatznahrung: Vermischen Sie 2 Schalen Sahnequark mit einem halben Becher Sahne. Fügen Sie 2 Eßlöffel Traubenzucker sowie eine Dose klein geschnittener Früchte hinzu. Stellen Sie die Speise kalt und essen Sie sie über den Tag verteilt (ca. 1.500 kcal).
- versuchen Sie es mit einigen leichten körperlichen Übungen vor den Mahlzeiten. Oft hilft das, den Appetit anzuregen.
- das Auge isst immer mit! Servieren Sie ihr Essen besonders schön.

- essen Sie in angenehmer Atmosphäre und zusammen mit Ihrer Familie.
- zwingen Sie sich nie zum Essen.
- lassen Sie das Essen nicht zum Hauptthema in Ihrer Familie werden.

Informieren Sie den Arzt

- falls Sie Schmerzen beim Essen haben.
- wenn Sie unter Übelkeit leiden und einen Tag oder noch länger nichts essen können.
- wenn Sie länger als 24 Stunden unter Erbrechen leiden.
- bei mehr als 2 kg Gewichtsverlust.
- sollten Sie 2 Tage oder länger keine Verdauung haben.
- bei stark riechendem oder auffallend gelbem bis bierbraunem Urin.
- wenn Sie einen ganzen Tag lang kein Wasser lassen konnten.
- falls Sie nicht oft oder nur wenig Wasser lassen können.

Flüssigkeits- und Wasserverlust

Der menschliche Körper besteht durchschnittlich zu 55–60% aus Wasser. Buchstäblich jede Zelle im Körper enthält Wasser. Entscheidend für den Organismus ist ein ausgeglichener Wasserhaushalt – weder Überschuss noch Mangel. Der Körper selbst kann nur geringe Schwankungen ausgleichen. Veränderungen wirken sich daher sofort auf den Gesundheitszustand aus. Ein ausgeglichener Flüssigkeits- und Wasserhaushalt ist, wenn sich die richtige Menge an den richtigen Stellen befindet. Schwellen bestimmte Körperstellen an, so ist das ein Zeichen dafür, dass zuviel Wasser im Körper gespeichert ist. Trockene Haut und Schleimhäute weisen darauf hin, dass der Körper nicht genügend Flüssigkeit hat oder die Flüssigkeits-menge nicht richtig verteilt ist.

Gewichtsveränderungen

Kleinere Gewichtsveränderungen während Ihrer Behandlung brauchen Sie nicht zu beunruhigen. Es gibt zahlreiche Gründe dafür:

- geringer Appetit,
- eingeschränkte Nahrungsaufnahme
- Durchfall
- Erbrechen
- Flüssigkeitsverlust

können dazu führen, dass Sie abnehmen. Wenn Sie

- mehr essen
- geringere Flüssigkeitsausscheidung haben

werden Sie wahrscheinlich zunehmen.

Beträgt die Gewichtsveränderung mehr als 2 Kilogramm pro Woche, sollten Sie allerdings mit Ihrem Arzt darüber sprechen.

Nehmen Sie über längere Zeit ab, kann sich das negativ auf Ihre Lebensqualität auswirken.

Sie fühlen sich schwach und sind vielleicht nicht mehr in der Lage, Ihren täglichen Pflichten nachzukommen. Eine Gewichtszunahme könnte das Symptom für ein ernstes Gesundheitsproblem – wie beispielsweise Flüssigkeitseinlagerung – sein.

Einen so starken Gewichtsverlust von 2 Kilogramm pro Woche werden Sie wahrscheinlich allein aufgrund Ihrer körperlichen Verfassung bzw. am Sitz Ihrer Kleider bemerken. Ansonsten ist es empfehlenswert, sich einmal wöchentlich zu wiegen.

Blähungen

Blähungen – oder zuviel Luft im Bauchraum – können äußerst unangenehm sein. Denn Blähungen können sich durch ein Völlegefühl, eine Zunahme des Bauchumfanges, krampfartige Schmerzen bemerkbar machen. Gleichfalls kann es zum spontanen Abgang von Winden kommen.

Blähende Nahrungsmittel wie Kohl, Hülsenfrüchte, ungeschrotetes Korn, Sauerteig oder Zwiebeln sind die häufigsten Ursachen. Blähungen können manchmal als Folge einer Strahlentherapie im Bauchbereich auftreten. Aber auch Bewegungsmangel, zu geringe Flüssigkeitszufuhr oder enge Kleidung fördern die Bildung von Blähungen.

Schmerz

Unter Schmerzen versteht man normalerweise, dass eine bestimmte Körperstelle weh tut. Man kann aber auch unter Schmerzen leiden, wenn man sich allgemein unwohl fühlt, ohne dass eine bestimmte Stelle schmerzt. Jeder erlebt Schmerzen auf seine individuelle Art. Wie jemand dazu steht oder darüber spricht, hängt unter anderem auch von seiner Erziehung und von seiner Persönlichkeit ab. So kommt es, dass wenn jemand über seine akuten Schmerzen redet, seine Schilderung sehr häufig früheren Schilderungen von Schmerzereignissen gleicht.

Wie man Schmerz erlebt, wird auch von der momentanen Stimmungslage mitbestimmt: Ist man traurig oder niedergeschlagen, erlebt man die Schmerzen stärker

Dank der medizinischen Möglichkeiten können heute selbst sehr starke Schmerzen mit Medikamenten-Kombinationen gut unter Kontrolle gebracht werden. Diese Kombinationen können auch Betäubungsmittel enthalten.

Die Gefahr einer Suchtentwicklung durch diese Medikamente ist kaum gegeben.

Lassen die Schmerzen, die unter der Strahlen- oder Chemotherapie entstehen, nach, reduziert sich auch langsam wieder der Bedarf an Schmerzmitteln.

Darauf sollten Sie achten und mit Ihrem Arzt besprechen!

- Wie lang hält die Schmerzlinderung an?
- Wie wirksam ist die Schmerzlinderung mit den Medikamenten?
- Wie lang sind die Abstände zwischen den einzelnen Medikamenteneinnahmen und wie stehen sie im Verhältnis zu Dauer und Intensität der Wirkung?
- Fühlen sie sich niedergeschlagen?
- Haben Sie Schlafstörungen?
- Finden Sie weniger Interesse an den Dingen, die Sie sonst interessiert haben?
- Leiden Sie an Appetitlosigkeit?

Sie selbst können auch etwas tun!

- Lenken Sie sich ab!
- Sprechen Sie über etwas anderes als Ihre Schmerzen.
- Verbringen Sie viel Zeit in der Gesellschaft Ihrer Familie und Freunde.

- Nehmen Sie die Schmerzmittel genau wie verordnet ein. Schmerzmittel sollten rund um die Uhr eingenommen werden, am besten nach Plan und nicht nach Bedarf.
- Sorgen Sie dafür, dass Sie immer einen Vorrat an Schmerzmitteln für mindestens 4 bis 5 Tage haben.
- Sind die Schmerzen mit den Schmerzmitteln unter Kontrolle gebracht, sollten Sie Ihre Aktivitäten wieder steigern.
- Manche Patienten leiden trotz richtiger Dosierung der Schmerzmittel an Übelkeit. Fragen Sie dann Ihren Arzt, was Sie dagegen tun können.
- Achten Sie auf Ihre Verdauung: Schmerzmittel verursachen häufig Verdauungsstörungen.
- Lassen die Schmerzen nach, vermindern Sie bitte die Medikamenteneinnahme nach Anweisung Ihres Arztes.
- Brechen Sie die Einnahme von Schmerzmitteln nicht plötzlich ab.
- Ändern Sie nicht eigenständig die Dosierung, wenn Sie von Ihrem Arzt nicht ausreichend geschult wurden.

Gehen Sie frühzeitig zu Ihrem Arzt:

- Wenn ein neuer Schmerz entsteht.
- Falls Sie nichts – auch keine Schmerzmittel – einnehmen können.
- Sofern der Schmerz nicht nachlässt oder die Schmerzlinderung trotz richtiger Medikamenteinnahme nicht lang genug anhält.
- Bei Verstopfung, Übelkeit oder Verwirrtheit.
- Falls Sie Fragen zur Medikamenteneinnahme haben.
- Wenn die Schmerzen von anderen Symptomen begleitet werden (Schwierigkeiten beim Laufen, Essen, Wasserlassen).

Zusammenfassung

Auch die Behandlung des Pankreaskarzinoms ist nur im interdisziplinären Gesamtkonzept von Spezialisten erfolgversprechend. Neben der operativen Chance einer kompletten Tumorentfernung stehen weitere vielversprechende Behandlungskonzepte in der Entwicklung. Es ist durchaus sinnvoll sich in einem Behandlungszentrum eine zweite Meinung einzuholen. Dabei sei aber gewarnt vor der Suche nach dem »Wunderheiler«. Die Suche danach könnte kostbare Behandlungszeit verschwenden wo es doch gerade beim Pankreaskarzinom so wichtig erscheint, schnell eine wirksame Behandlung zu beginnen. Gewarnt werden soll auch vor den Scharlatanen die in der Not der Patienten unseriös nur ihr Geld machen.

Literatur

(1) Go V, DiMagno E: The Pancreas. Biology, Pathophysiology and Disease, Vol. 2nd Edition. New York: Raven Press, 1993.
(2) Morgenroth K, Kozuschek W: Pancreatitis. Berlin: Walter de Gruyter, 1991.
(3) Büchler M, Uhl W, Malfertheiner P: Pankreaserkrankungen (Pankreatic Disease). Basel: Karger, 1996.
(4) Lowenfels AB, Maisonneuve P, Cavallini G, et al.: Pancreatitis and the risk of pancreatic cancer. International Pancreatitis Study Group. N Engl J Med 1993; 328(20): 1433-7.
(5) Berger HG: Pancreatic cancer - recent progress in diagnosis and treat ment. Oxfort: Blackwell Science, 1996. (Neoptolemos JP, Lemoine NR, eds. Pankreatic Cancer. Molecular and Clinical Advances).
(6) Wagner M, Friess H, Büchler MW: Conservative versus radical resections of the pancreas. Oxfort: Blackwell Science, 1996. (Neoptolemos JP, Lemoine NR, eds. Pankreatic Cancer. Molecular and Clinical Advances).
(7) Hager ED: Complex therapy of the not in sano resectable carcinoma of the pancreas – a pilot study. Oncology 1994; 120: P1.04.15.
(8) Van Hoozen CM, Peeke PG, Taubeneck M, Frey CF, Halsted CH: Efficacy of enzyme supplementation after surgery for chronic pancreatitis. Pancreas 1997; 14(2): 174-80.
(9) Neoptolemos JP, Ghaneh P, Andren Sandberg A, et al.: Treatment of pancreatic exocrine insufficiency after pancreatic resection. Results of a randomized, double-blind, placebo-controlled, crossover study of high vs standard dose pancreatin. Int J Pancreatol 1999; 25(3): 171-80.
(10) Bruno MJ, Borm JJ, Hoek FJ, et al.: Comparative effects of enteric-coated pancreatin microsphere therapy after conventional and pylorus-preser ving pancreatoduodenectomy. Br J Surg 1997; 84(7): 952-6.
(11) Cade A, Walters M, Puntis JW, Arthur RJ, Stringer MD: Pancreatic exocri-ne and endocrine function after pancreatectomy for persistent hyper-insulinaemic hypoglycaemia of infancy. Arch Dis Child 1998; 79(5): 435-
(12) Domschke S, Domschke W: Konservative Therapie der chronischen Pankreatitis. Basel: Springer, 1992. (Kozuschek W, Paquet KJ, eds. Pankreas - Diagnostik und Therapie).
(13) Bruno MJ: Treatment of exocrine pancreatic insufficiency in chronic pancreatitis. Berlin, Heidelberg: Springer, 1999. (Lankisch PG, DiMagno EP, eds. Pancreatic disease. State of the art and future aspects of research).
(14) Koletzko S, Koletzko B, Reinhardt D: [Aktuelle Aspekte der Ernährungs-

therapie bei zystischer Fibrose]. Monatschr Kinderheilk 1994; 142: 432-445.
(15) Löser C, Fölsch UR: [Differentialtherapie der exokrinen Pankreasinsuffizienz – Aktuelle Aspekte und zukünftige Perspektiven der Substitutionstherapie mit Pankreasenzymen]. Z. Gastroenterol 1995; 33: 715-722.
(16) Layer P, Keller J: Enzyme treatment in chronic pancreatitis. London: Springer, 1999. (Johnson CD, Imrie CW, eds. Pancreatic Disease towards the Year 2000).

Marina Schnurre

Psychosoziale Betreuung von Krebspatienten, Krankenhaus Berlin Moabit

Entwicklung der Selbsthilfe Krebs in Berlin

In Berlin bestehen zur Zeit offiziell mehr als fünfzig Krebsselbsthilfegruppen, und die Tendenz ist steigend. Die ersten Selbsthilfegruppen waren Interessengemeinschaften von Patienten, die sich als chronisch Kranke unterversorgt fühlten. Zwar waren sie mit der medizinisch technischen Betreuung durch die Ärzte zum größten Teil zufrieden, doch Aufklärung, psychische Begleitung, soziale Fragen, mit einem Wort, die gewünschte Unterstützung im ganzheitlichen Sinne kam zu kurz. War es Anfang der achtziger Jahre noch üblich, dass Mediziner ihre Patienten vor Gruppenbesuchen warnten, so hat inzwischen, von wenigen Ausnahmen abgesehen, ein Wandel stattgefunden:

»Gehen sie da bloß nicht hin, das sind doch alles nur Kaffeekränzchen und Schwatzvereine. Nein, nein das ist nichts für sie, da hören sie doch nur negative Geschichten über Krankheiten und Ärzte, das wird sie verunsichern. Belasten sie sich nicht mit anderen Schicksalen. Seien sie doch froh, daß sie alles hinter sich haben, vergessen sie einfach Ihre Krankheit, die haben wir jetzt im Griff. Beschäftigen sie sich mit den schönen Seiten des Lebens, reisen sie, treiben sie Sport, malen sie. Leben sie wie zuvor.«

Solche und ähnliche gutgemeinten Ratschläge haben viele Krebskranke, ich war da keine Ausnahme, von ihren Ärzten zu hören bekommen. Männlichen Patienten sprechen diese Meinungen auch heute noch sehr aus dem Herzen. Es fällt auf, dass in den meisten Gruppen der Anteil der Frauen überproportional hoch ist. Betroffene Männer kommen vorbei, um sich über medizinische oder technische Details zu informieren, so bald es aber um Problembewältigung geht, bleiben sie weg.

Bei betroffenen Frauen ist das anders. Wenn sie erst einmal den Versuch gewagt haben, eine Selbsthilfegruppe kennen zulernen, sind sie überrascht von der Offenheit und Empathie, die ihnen entgegengebracht wird. Das konzentrierte Wissen und der Mut zur Auseinandersetzung mit der Krankheit, die in den meisten Gruppen herrschen, verblüfft die neuen Teilnehmerinnen.

Leben wie zuvor, das wird Betroffenen bald klar, ist nicht mehr möglich und auch nicht wünschenswert.

Das Motto in den Selbsthilfegruppen heißt: »Leben wie nie zuvor«.

Inzwischen belegen zahlreiche empirische Untersuchungen die positive Wirkung und die Bedeutung der Selbsthilfegruppen. In solchen Gruppen können andere Betroffene Modell für eigene Coping-Prozesse werden (Mazarat, 1988) und so eine positivere Verhaltensweise aktivieren, die zu prognostisch günstigeren Ergebnissen führen kann. Nach einer Untersuchung in den USA hatten Frauen mit metastasierendem Brustkrebs, die sich einer Gruppe angeschlossen hatten oder von Psychologen betreut wurden, eine doppelt so hohe Überlebensrate wie eine Kontrollgruppe ohne Gruppenbezug. (David Spiegel, 1991)

Auch bei Ärzten hat sich das herumgesprochen. Immer größer ist in den letzten Jahren der Anteil, der von ihnen geschickten Patienten. Leider hat dieses Umdenken aber nicht nur etwas mit Einsicht zu tun, sondern offensichtlich auch mit den Sparmaßnahmen, die den Gesundheitsbereich allenthalben betreffen. Seitdem die meisten Praxen weniger verdienen und darauf angewiesen sind, mehr Patienten abzufertigen, ist der Betroffene schnell wieder draußen vor der Tür. Dadurch scheint die Situation in merkwürdiger Weise verkehrt.

Jahrelang haben sich Mediziner den mündigen Patienten gewünscht. Jetzt, da viele Betroffene, aufgeklärter durch Medien, Gruppen und eine offener geführte Krebsdiskussion, mehr Information und noch mehr Fragen haben, wären diese Patienten gerne Partner ihres Arztes. Aber nun ist der überfordert und zur eigenen Entlastung allzugern bereit, seine Patienten in Selbsthilfegruppen zu schicken. Dabei stellt sich für Arzt und suchenden Krebspatienten die Frage:

»Welches ist denn in meinem Fall die richtige Gruppe, und was wird mir da geboten?«

Verschiedene Arten von Selbsthilfegruppen

Es gibt drei klassische Formen von Gruppen (mit einigen Variationen und Mischformen):

1. Die autonomen und selbstregulierten Gruppen von Betroffenen, die sich ohne professionelle und kontinuierliche Begleitung zusammenfinden. In dieser Gruppe stehen Informationsaustausch und persönliche Gespräche im Vordergrund. Wenn es nicht eine von den Teilnehmern bestimmte oder selbsternannte Leitungspersönlichkeit gibt, sind diese Gruppen oft einer starken Fluktuation unterworfen. Das gilt für den überwiegenden Teil der Berliner Gruppen.

2. Die eingetragenen Vereine oder Landesverbände, die in der Regel ein festes Programm oder bestimmte Ziele vor Augen haben. In diesen Gruppen stehen gemeinsame Veranstaltungen und Aktivitäten auf der Tagungsordnung. Beispiele: Landesverband Berlin-Brandenburg der Kehlkopflosen e.V., Deutsche ILCO, Brustkrebs Arbeitsgruppe »Mammitu«, Arbeitskreis der Pankreatektomierten e.V., usw.

3. Die angeleiteten Gruppen, die meist einen Therapeuten, Psychologen oder Arzt als Betreuer haben. Hier werden den Teilnehmern, je nach Schwerpunkt und Fähigkeit des professionellen Körperarbeit, Visualisations- und Gestalttherapie bis hin zu Psychodrama und Gesundheitstraining verschiedene Angebote gemacht. Beispiele: Selbsthilfegruppe Krebs im Mittelhof, Selbsthilfegruppe Krebs im Albrecht-Achilles-Haus (bei Sekis) u.s.w.

4. Mischformen: Je nach Bedürfnis und Schwerpunkt werden hier angeboten: Einzelgespräche, angeleitete Gruppen, Veranstaltungen, Vorträge, Fortbildung u.s.w., Beispiel: Psychosoziale Beratungsstelle für Krebskranke und Angehörige e.V.

Meiner Meinung nach sind angeleitete Gruppen besonders effektiv, denn:

- Programme und Tagesordnung werden in angeleiteten Gruppen deutlicher strukturiert (z.B. bei Entspannungsübungen, Bochumer Gesundheitstrainingsprogramm, Meditation usw.).
- Die verschiedenen Therapieansätze können von Professionellen, vor allem bei Krisenintervention und Trauerarbeit, gezielter eingesetzt werden.
- Professionalität schafft mehr Distanz, dadurch werden persönliche Konflikte der Teilnehmer eher kanalisiert und aufgelöst.
- Der Therapeut benutzt sein Wissen und seine Erfahrung, die über die individuelle Einzelerfahrung der Betroffenen hinausgehen. Daher kann

er deren Erleben und Erfahrung bündeln und verallgemeinernd einsetzen.
- In angeleiteten Gruppen herrscht Kontinuität. Das ist für Betroffene besonders wichtig, weil sie über längere Zeit, vor allem bei Rückfällen, einen vertrauten Ansprechpartner brauchen.

Seit dem 10. März 2000 unterscheiden die Spitzenverbände der Krankenkassen zwischen Selbsthilfegruppen und Selbsthilfeorganisationen, die aus mehreren Gruppen bestehen. Hierzu gehört das Onkologische Patientenseminar Berlin-Brandenburg e. V. (OPS).

Gut geeignet für Krebsselbsthilfegruppen sind Therapeuten, die auch medizinische Erfahrung haben. Zum einen, weil die Gruppe oft die erste Anlaufadresse nach einer angstmachenden Untersuchung oder unklaren oder missverstandenen Aussagen des Arztes ist, zum anderen, weil sie in der Lage sind, absurde Vorstellung und unseriöse Heilangebote zu korrigieren. Egal für welche Gruppenform man sich entscheidet, alle diese Gruppen haben ihre Berechtigung, und alle haben eines zum Ziel:

Mit ihren Möglichkeiten die Lebensqualität von Krebskranken zu verbessern und sie vor Entmündigung durch Experten zu bewahren (Illich, 1979).

Kernsätze von Betroffenen aus Selbsthilfegruppen

Wenn man Krebskranke nach ihren Erfahrungen in Gruppen befragt, bekommt man immer ähnliche Antworten:

»In der Selbsthilfegruppe lerne ich positiv mit meiner Krankheit umzugehen. Ich habe weniger Ängste. Hier brauche ich mich nicht zu verstellen, nicht rechtfertigen, kann sein, wie ich wirklich bin. Es gibt bei uns nicht dieses schreckliche Mitleidsgetue. Wir gehen ehrlich und zugewandt miteinander um. Ich habe gelernt zu entspannen, mehr auf meine Bedürfnisse zu achten.

Ich bin jetzt bestens informiert, auch über medizinische Fachausdrücke, kann daher gezielter fragen, das minimiert meine Angst.

Ich kann hier ohne Hemmung über sexuelle Themen und Probleme sprechen, die bei uns zu Hause tabu sind. Ich habe meine Kreativität wiederentdeckt und Zukunftsperspektiven entwickelt. Ich setze mich mit meinem Sterben auseinander, ohne in Panik zu geraten. Ich bin fröhlicher, lebensbejahender, mutiger geworden. Ich kann jetzt mit meinem Arzt offener sprechen, wage sogar zu widersprechen. Früher war ich nur Medizinkonsument, jetzt Partner.«

Zusammenfassung

Selbsthilfegruppen haben nichts Spektakuläres an sich, wodurch sich Angehörige oder Ärzte ausgeschlossen fühlen müssten. Die Krankheitsbewältigung in einer angeleiteten Gruppe ist als Prozess zu verstehen, in dem es nicht nur darauf ankommt, die Krankheitssymptome zu beseitigen, sondern gemeinsam mit anderen Betroffenen nach Antworten zu suchen, auf Fragen nach Lebensqualität, nach Lebenssinn und Lebensperspektiven.

Darüber hinaus verbessert sich die Befindlichkeit der Betroffenen nachweislich. Selbst medikamentöse Behandlungen werden, wie zahlreiche Erfahrungen zeigen, besser vertragen, und nicht selten sinkt der Schmerzmittelverbrauch, auch in der Akutphase.

Nach einer gewissen Zeit in der Gruppe beginnen die meisten, emährungsbewusster zu leben, sich körperlich zu betätigen und sorgfältiger auf ihre Gesundheit zu achten.

Teure Wundermittel und Scharlatane haben bei aufgeklärten Betroffenen in Selbsthilfegruppen keinen Erfolg. Alles das kann nachhaltig zur Erhöhung der Lebensqualität von Krebspatienten beitragen. Angesichts der oft begrenzten Lebensdauer ist das ein wichtiger, nicht selten sogar der wichtigste Erfolg einer Selbsthilfegruppe.

Ausblick

Aus all diesen Gründen meine ich, wird es langsam Zeit, dass auch unsere Gesundheitspolitiker und Krankenkassen, die so oft von Gesundheitsförderung reden, ihr Augenmerk verstärkt auf die Selbsthilfegruppen richten und gerade im Zeitalter der Sparmaßnahmen endlich dazu übergehen, mehr qualifiziertes Fachpersonal in den Gruppen zu unterstützen. Allerdings widerspreche ich den Krankenkassen, die da der Meinung sind, dass Krebsselbsthilfegruppen wirtschaftlich effizienter arbeiten sollten und sich an anderen sozialen Leistungen messen lassen müssten.

Marina Schnurre

Die in die Selbsthilfegruppenarbeit investierten Gelder sind als Hilfe zur Selbsthilfe ein effektiver Sparbeitrag, der sich nicht sofort in Zahlen niederschlägt. Denn Lebensqualität und Überlebensdauer tauchen in keiner Statistik auf.

Doch das am eigenen Leib gelebte Expertentum (Illich, 1979) der Betroffenen könnte als Anregung dienen für eine ganz neue Qualität der Beziehung, sowohl mit Angehörigen, als auch mit Ärzten. Und nicht zuletzt wird es das Verständnis für Krankheit in unserer Gesellschaft positiv verändern helfen.

Gerade Krebskranke, die sich zusammen mit anderen Betroffenen ihrer Krankheit stellen, auf welche Weise auch immer, machen Mut, auch den Gesunden.

Gerda Wendisch-Kraus

Psychosoziale Beratungsstelle für Krebskranke und Angehörige, Selbsthilfe Krebs e.V.

Anfänge der Selbsthilfe in Berlin

Die Idee, eine Beratungsstelle für Krebskranke und Angehörige zu gründen, entstand Ende der siebziger Jahre, zu der Zeit, als Menschen die an Krebs erkrankt waren, mit den rein medizinischen Leistungen nicht mehr einverstanden waren und anfingen, sich in Selbsthilfegruppen zu organisieren. Die Reduzierung auf das ausschließlich körperliche Geschehen wurde als Mangel empfunden. Damals wie heute ist es wichtig, dass Betroffene als Patienten umfassend ernstgenommen werden. Früher wurden sie aus dem Krankenhaus oft mit der Bemerkung: »Nun leben sie weiter wie bisher.« nach Hause geschickt. Krebskranke machten eine andere Erfahrung. Nichts ist mehr wie zuvor. Deshalb gründeten engagierte Frauen der Krebs-Selbsthilfebewegung den Verein »Selbsthilfe Krebs e.V.« und richteten Anfang 1983 eine »Psychosoziale Beratungsstelle für Krebskranke und Angehörige« ein.

Ziel der Arbeit war, die psychosozialen Auswirkungen der Krankheit zu mildern und den Fokus auf die Gesundheit, die äußeren und inneren Heilungsquellen und das seelisch-geistige Wachstum zu richten.

Die Psychosoziale Beratungsstelle wird heute zu ca. 2/3 über den Ligavertrag finanziert und arbeitet völlig unabhängig von übergeordneten Institutionen. Das Beratungskonzept war wegweisend in der Psychoonkologie. Damalige Leitgedanken haben auch heute ihre volle Gültigkeit. So ist es wichtig,

- »die eigene Melodie spielen zu lernen« und die Einzigartigkeit des Menschen anzuerkennen und ihn auf seinem ganz eigenen, individuellen Weg zu begleiten (1)
- die wertvolle Kraft in der Aktivierung der Selbstheilungskräfte anzuerkennen und für sich zu nutzen (2)
- eine liebevolle Haltung zu sich selbst entwickeln, die Krankheit anzunehmen und den kreativ- schöpferischen Impulsen Ausdruck zu verleihen
- eine, den eigenen Bedürfnissen sinnvoll angepasste, gesunde und

zugleich genussvolle Ernährung aufzunehmen und für lange Zeit beizubehalten,
- bei Bedarf eine naturheilkundliche Begleitung und Unterstützung im Heilungsprozess anzuwenden
- körperliches Training auf das eigene Bewegungs- und Entspannungsbedürfnis auszurichten und Entspannungsverfahren anzuwenden
- zusammenzutreffen mit anderen Betroffenen zur gegenseitigen Unterstützung in Selbsthilfegruppen

Die eigene Betroffenheit und fachliche Kompetenz ist die besondere Qualität der Beratung und somit eine Besonderheit dieser Beratungsstelle. Alle pädagogischen und psychologischen Fachkräfte sowie Ehrenamtliche waren selbst einmal als Krebskranke oder Angehörige betroffen. Die Mitarbeiterinnen der Betroffenenberatung haben am eigenen Leib erfahren, wie Krebs den Menschen in eine tiefe Krise stürzen kann und dabei Gefühle wie Angst, Panik, Schmerz, Trauer, Wut, Hilflosigkeit, Alleingelassensein und Hoffnungslosigkeit durchlebt werden.

Sie haben jedoch auch in ihrem eigenen Prozess erkannt, dass in dieser Krankheit, in dieser Krise ein Sinn und schöpferisches Potential enthalten ist, das entdeckt werden möchte und dass diese Krankheit als Chance und Herausforderung des Lebens betrachtet werden kann. Sie haben erfahren, was es heißt, die Verantwortung für den eigenen Gesundungsprozess zu übernehmen und ihre eigenen Selbstheilungskräfte zu mobilisieren und damit das medizinische Behandlungsprogramm zu unterstützen.

Sie haben der wichtigsten Frage »Wie kann ich mein Leben verändern?« nachgespürt und darüber nachgedacht, was diese Krankheit mit verursacht haben kann und wie tief sie in das psychische und soziale Umfeld, in die Familie, in die Kommunikation mit Partnern, Kindern, Freunden oder in den Arbeitsbereich hineingreift. Das macht die Verwobenheit zwischen Krankheit und Leben deutlich. Dies können die Mitarbeiterinnen der Angehörigenberatung bestätigen, da sie selbst als Angehörige durch diese Erfahrungen gegangen sind.

Die eigene Betroffenheit und die daraus gewonnene Fachkompetenz führen zu offenen und tiefen Begegnungen mit den Menschen die zu uns kommen und schaffen schnell Vertrauen. Die Mitarbeiterinnen können auf eine gewachsene Professionalität und daher mit Distanz auf ihre direkte Betroffenheit schauen. Diese Erfahrungen sind eine bleibende

Qualität, die sie zu Hoffnungsträgern für Neuerkrankte in ihren schweren Zeiten werden lässt. Sie geben ihnen Mut und Hoffnung für den eigenen Weg.

Indem die eigenen Erfahrungen der Mitarbeiterinnen mit der Krebskrankheit in die Beratungsarbeit einfließen, wird der Gedanke »Hilfe zur Selbsthilfe« herausgestellt.

Wir wissen, wie wichtig in der Beratungssituation eine angenehme Atmosphäre, das Gefühl des Angenommenseins und vor allem genügend Zeit für die Beratung sind. Deshalb ist es unser Anliegen, eine Atmosphäre zu schaffen, die es Betroffene und Angehörigen ermöglicht, ihre Bedürfnisse und Ängste zu äußern, entsprechende Fragen zu stellen und dafür Zeit zu haben.

Die Beratung ist bezirksübergreifend. Auch Ratsuchende aus dem Berliner Umland und ganz Deutschland wenden sich an uns.

Menschen, die uns anrufen oder die Beratungsstelle aufsuchen, sind in der Regel aktiv. Sie sind bereits in der Phase, in der sie wissen, dass sie mit der Erkrankung nicht so weiterleben können und Unterstützung brauchen, da die Konfrontation mit der Krankheit erhebliche Ängste auslösen und ein Gefühl der Hilflosigkeit entstehen lassen kann. Psychologische Gespräche bilden unseren Beratungsschwerpunkt. Wir legen Wert darauf schnelle Hilfe und Kontinuität mit möglichst der gleichen Beraterin zu gewährleisten.

Die Krisenverarbeitung steht am Anfang eines jeden Heilungsweges.

Der Schock der Diagnose wiegt schwer. Wieder »für sich Hoffnung schöpfen« zu dürfen, überwältigende Ängste besprechen zu können oder einfach zu weinen, sind häufig die vordringlichsten Wünsche des Erkrankten. Im persönlichen Einzelgespräch wird zunächst versucht, die vorliegenden Fähigkeiten und Selbsthilfemöglichkeiten zu entdecken und zu mobilisieren. Ebenso das Selbstwertgefühl der Betroffenen zu stärken, das die Voraussetzung für einen hoffnungsvollen Neuanfang und Heilungsweg sein kann.

Nach der sogenannten »Krisenintervention« der Betroffenen ermöglichen wir ihnen anschließend eine therapeutische Einzelbegleitung. Sie erhalten in der Regel bis zu zehn oder mehr Gespräche zur Krankheitsverarbeitung (Umgang mit der Krankheit). Wir nehmen uns dabei 1 bis 1,5 Std. Zeit für das Gespräch, um in Ruhe bestimmte Lebenssituationen zu betrachten. Daraus entwickeln sich Fragen nach sozialen und psychischen Umständen, die dieser Krankheit vorausgegangen sind und die vielleicht noch bestehen.

Wichtig ist, wie die Betroffenen mit sich selbst umgehen. Welche Einstellung und Haltung sie zu sich selbst und zu anderen haben. Diese Fragen berühren zentrale Bereiche des persönlichen und beruflichen Lebens, deren Betrachtung Voraussetzung ist, um wieder handlungsfähig zu werden.

Wird das Bedürfnis nach Austausch und Unterstützung in einer Gruppe sichtbar, empfehlen wir eine weitere Betreuung in einem Gesundheitstraining. Für die, die das Angebot eines Gesundheitstrainings (Umfang neunmal 3 Stunden) wahrnehmen, bietet sich die Chance, mit anderen Betroffen zusammen am Thema »Gesundheit« zu arbeiten, sich und den eigenen Lebensweg zu hinterfragen, neue Sichtweisen sowie Handlungsmöglichkeiten zu finden und voneinander zu lernen. Die persönlichen Fähigkeiten der Betroffenen werden herausgearbeitet, gesunde Anteile gestärkt und schrittweise die Selbsthilfe gefördert. Erlebte Gruppensolidarität führen wir gerne und erfolgreich in leiterlose Selbsthilfegruppen über, die punktuell von uns betreut werden und manchmal jahrelang eine tragende Kraft für die Betroffenen darstellen.

Die Angehörigenberatung

Wird bei Betroffenen die Diagnose »Krebs« gestellt, geraten auch Angehörige häufig in eine Krise. Neben der Sorge um den Betroffenen treten eigene Ängste und die Sorge um die eigene Gesundheit auf. Die bisherige Lebensplanung ist plötzlich in Frage gestellt. Die Erkrankung ruft einschneidende Veränderungen der Kommunikation und im Rollenverhalten innerhalb des Familiensystems hervor. Irritationen sind die Folge.

Angehörige sind oft Geheimnisträger, d. h. sie wissen oft mehr über die Prognose des Erkrankten als dieser selbst. Sprachlosigkeit ist hier die Folge. Oft übernehmen sie die Verantwortung für den Gesundheitsprozess der Erkrankten. Das Abfragen von Informationen über Krebs und seine Behandlungsmethoden werden zur eigenen Aufgabe gemacht. Sie stellen oft ihre eigenen Bedürfnisse zurück und geben liebgewordene

Hobbys auf. Da Heilung auch in der Familie erfolgt, ist die Angehörigenberatung ebenso wichtig in der Beratungsstelle wie die Betroffenenberatung.

Angehörige sind, die sich dem erwachsenen, von Krebs betroffenen Menschen eng verbunden fühlen, also Lebenspartner, Freunde, Geschwister, Eltern und Kinder. Die Angehörigen kommen in der Regel allein in die Angehörigenberatung, es ist jedoch zu beobachten, dass vermehrt Familien gemeinsam Beratungen in Anspruch nehmen.

Im persönlichen Einzelgespräch geht es neben der Sorge um den Betroffenen vor allem um die Angehörigen selbst, denn Sorge um den Betroffenen ist nur möglich bei gleichzeitiger Aufmerksamkeit für sich selbst.
Im Gespräch erfahren sie Unterstützung und erhalten Gelegenheit, über ihre Ängste, Sorgen und Nöte zu sprechen. Dabei geht es häufig um die Erkenntnis, dass der Erkrankte seinen Weg der Krankheitsverarbeitung selbstbestimmt gehen muss, und der Angehörige ihn dabei nur unterstützen kann.

In der Beratung werden die Angehörigen unterstützt und ermutigt, eigene Bedürfnisse zu erkennen, ernstzunehmen und auch wieder für sich zu sorgen.

Dies hilft, dem oft als übermächtig empfundenen Erwartungsdruck des Partners und des sozialen Umfeldes besser begegnen zu können. Da die Erkrankung oft zum alles beherrschenden Gesprächsthema oder aber völlig verdrängt wird und dies bei den Beteiligten zu Kommunikationsstörungen führt, versuchen wir neue Formen der Kommunikation zu erarbeiten und zu üben.

Bei einem Fortschreiten der Erkrankung wird der Anhörige in der Beratung besonders unterstützt, um den wachsenden Belastungen durch häusliche Pflege gerecht zu werden. Ist keine Heilung mehr möglich, werden die Angehörigen darin begleitet, einen friedlichen oder evtl. versöhnlichen Abschied voneinander nehmen zu können. In der Zeit der Trauer werden sie von uns nicht allein gelassen sondern in ihrem Trauerprozess begleitet.

Innerhalb der Gruppe können sich Angehörige über ihre Erfahrungen mit dem Erkrankten austauschen. Sie können voneinander lernen und die eigene Rolle erkennen. Angehörige erfahren Entspannung und Bewegung als Möglichkeit, die eigenen Kräfte zu spüren und wieder Lebensfreude für sich zu empfinden.

Unser Krebs-Krisen-Telefon, das von einer engagierten Mitarbeiterin aus der Betroffenenberatung eingerichtet wurde und dafür ehrenamtliche Kräfte gewonnen und fortgebildet hat, droht wegen finanzieller Nöte die Einstellung. Wir mussten erfahren, dass diese wertvolle Einrichtung nicht ohne beständige Bekanntmachung und Werbung existieren kann. Hier muß neu überlegt werden, wie die Finanzierung des Krebs-Krisen-Telefon auf ein besseres Fundament gestellt werden kann. Für Anregungen und Hilfestellungen sind wir dankbar. Der Sinn dieser Einrichtung war, wie bisherige Erfahrungen zeigten, dass gerade kurz vor dem Wochenende, viele Menschen ihre Diagnose »Krebs« erhalten und dann am Wochenende keinen Ansprechpartner finden können. Unabhängig davon, wie gut die Diagnose vermittelt wurde, bleibt der psychische Schock für die Betroffenen und ihre Angehörigen. Das Krebs-Krisen-Telefon will hier schnell kompetente und mitfühlende Hilfe anbieten.

Zum Schluss meines Beitrages möchte ich betonen, wie wichtig uns die Integration der vier Bereiche des menschlichen Lebens in den Heilungsprozess ist. – Die Integration von körperlichen, seelisch-geistigen, sozialen und spirituellen Anteilen des Menschen.

Allen Lesern wünsche ich Mut, ihren eigenen Weg in die Gesundheit zu suchen und die Freude am Leben neu zu entdecken.

Literatur:

(1) Le Shan, »Psychotherapie gegen den Krebs«
(2) Simonton, »Wieder gesund werden«

Uwe Klaskala †

Selbsthilfegruppe Prostata-Krebs Berlin-Brandenburg

Als Beispiel dafür, wie Krebspatienten anderen Krebspatienten und sich selbst helfen können, möchte ich im Wesentlichen meinen eigenen Weg beschreiben vom Stadium des Nichtwissens bis hin zum heutigen Tage. Die Stationen:

- Die Fehler, die ich gemacht habe,
- Meine Arztwahl,
- Das Finden einer »klinischen Studie«,
- Die Suche nach Informationen und Gleichbetroffenen,
- Die Gründung einer Selbsthilfegruppe,
- Besuch von Fach- und Patientenkongressen,
- Das Nachdenken über meine palliative Therapie und die Suche nach weiteren Möglichkeiten,
- Finden der »Dreifachen intermittierenden Hormonblockade« nach Dr. B. Leibowitz,
- Teilnahme an der Gründung der PSA Deutschland,
- Aufbau internationaler Kontakte durch gleichbetroffene Kollegen,
- Überlegungen zur Einrichtung eines »World Prostate Cancer Day«, analog zum Brustkrebsmonat Oktober 2000,
- Konsultation des Dr. Leibowitz, Los Angeles,
- Kontaktaufnahme zur AUO (AG der Urologischen Onkologie),
- Verleihung des Förderpreises der Berliner Krebsgesellschaft e.V. »Selbsthilfe nach Krebs«.

Doch der Reihe nach, in etwa chronologisch. Vor ca. vier Jahren besuchte ich Dr. S., einen Arzt für Haut- und Geschlechtskrankheiten, der nebenbei auch die sogenannte »Krebsvorsorge« machte. Dies war mein erster Fehler. Heute weiß ich, dass das Abtasten der Prostata in die Hand eines erfahrenen Urologen gehört.

»Sie müssten mal zum Urologen gehen«, sagte Dr. S.. Es hat zwei Jahre gedauert, bis ich endlich ging: Mein zweiter Fehler.

Dringliches Überweisen und sofortiges Gehen zum Urologen wären richtig gewesen. Aber es tat ja nicht weh, das häufigere Wasserlassen, es war einfach nur lästig, ebenso der nachlassende Wasserdruck.

Und unter Männern wird gern ein typisches Altmännerleiden vermutet, nämlich eine gutartige Prostatavergrößerung: ein klassisches Beispiel für Verdrängung, weg vom Krebs, hin zur harmlosen Prostatavergrößerung. Als Freunde witzelten »Du bringst ja jedes Bier einzeln weg«, da war ich endlich soweit zum Urologen zu gehen. Es war der erstbeste Urologe in meiner Nähe, mein dritter Fehler. Fragen nach Information, Therapien und Alternativen, Leistungsziffern des Arztes, klinischen Studien usw. konnte ich damals nicht stellen, da ich vollkommen uninformiert war und von den Ereignissen überrollt wurde. Zeit zum Überlegen und Fragen blieb nicht mehr.

Die Diagnose war schockierend: Prostatakrebs, nicht operabel, PSA-Wert 91 ng/ml, Harnblase verdächtig, Blasenspiegelung erforderlich, sofortige Hormonspritze. Es war, wie ich erst später einzuordnen wusste, die einfache kontinuierliche Hormonblockade.

Ich war wie gelähmt, völlig unvorbereitet und hilflos.

Ich sagte alle Termine ab, wollte mit niemandem außer meiner Frau reden, zog mich zurück in die Isolation. Die Blasenspiegelung misslang, war schmerzhaft und blutig und sollte in ca. drei Wochen wiederholt werden. Verschwiegen hatte Dr. R., trotz Bitte um vollständige Aufklärung, die Lymphknotenmetastasen. Auf spätere Vorhaltungen erklärte er »weil Weihnachten bevorstand«.

Ich verlor das Vertrauen zu Dr. R. und begann zaghaft eine »zweite Meinung« und auch nach einer »klinischen Studie« zu suchen. Beim genauen Lesen des Beipackzettels zu meiner »einfachen kontinuierlichen Hormonblockade«, es war das Medikament Enantone, fiel mir eine nur scheinbar kleine Ungenauigkeit auf, nämlich dass anfangs die Gabe eines Antiandrogens erwogen werden sollte, eine juristisch wohlformulierte Empfehlung, der nicht zu folgen unter Ärzten schon als Behandlungsfehler gilt. Das Verhindern eines »flare-up« (anfängliches Ansteigen des männlichen Geschlechtshormons) hat mich von nun an mehrfach begleitet und sollte für meine letzte Therapieentscheidung noch eine große Rolle spielen.

Der Wechsel des Arztes war nun mehr beschlossene Sache. Auf der Suche nach einer »zweiten Meinung«, zuletzt angeregt durch meine Schwester in München, geriet ich an Prof. Weißbach. Von ihm werde ich auch heute

noch betreut. Prof. Weißbach ersparte mir eine Wiederholung der Blasenspiegelung («... man sieht doch in der Kernspintomographie, dass die Harnblase infiltriert ist«), bot mir die Teilnahme an einer »klinischen Studie« an (zweifache Hormonblockade, Vergleich kontinuierlich gegen intermittierend), übte keinerlei Druck aus, ließ mir Zeit zur Entscheidung und lud meine Frau und mich zu einem ausführlichen Gespräch ein.
Im übrigen ist er ein Befürworter des Selbsthilfegruppen-Gedankens geworden, anscheinend keine Selbstverständlichkeit bei Ärzten. Dankbar nahm ich das Angebot der »klinischen Studie« an. Zur Therapie gehörten die Medikamente Zoladex® und Casodex®. Die Behandlung sprach an (was nur in vier von fünf Fällen der Fall ist).

Und wieder begegnete mir die Verhinderung eines »flare-up«: Im ersten Monat wurde statt Zoladex® und Casodex® gegeben Zoladex® und dreimal Casodex®: eine Dosierung, die ich später bei meinem Sonderweg wiederfand.

Inzwischen war ich aus meinem Rückzug heraus in die Offensive gegangen:

Die Scheu, über das Tabu-Thema Prostatakrebs zu reden, war verschwunden.

Ich begann, alle Informationen über Prostatakrebs zu sammeln, die ich erreichen konnte: Deutsche Krebsgesellschaft, Deutsche Krebshilfe, Gesellschaft für biologische Krebsabwehr, Krebsinformationsdienst, SEKIS (Selbsthilfe Kontakt- und Informationsstelle Berlin), Onkologisches Patientenseminar e.V. (OPS) und viele andere Stellen mehr, darunter abenteuerliche Bücher und Tipps, die ich erst allmählich zu sortieren wusste.

Was ich nicht fand, waren Gleichbetroffene oder eine Selbsthilfegruppe. Ich wollte dies zunächst nicht glauben, wusste ich doch inzwischen, dass

- Prostatakrebs in der Häufigkeitsskala der Krebsarten bei Männern in Kürze den zweifelhaften 1. Platz einnehmen wird
- allein im Raum Berlin jährlich ca. 1500 Männer neu an Prostatakrebs erkranken
- allein im Raum Berlin jährlich ca. 500 Männer an Prostatakrebs sterben.

Im Mai 1999 fühlte ich mich stark genug, mit Hilfe von SEKIS nach Gleichbetroffenen zu suchen und eine Selbsthilfegruppe (SHG) zu gründen, die

SHG Prostata-Krebs Berlin-Brandenburg. Ich musste nicht lange warten. Das Gefühl, nicht allein zu sein, war überraschend wohltuend.

Erfahrungsaustausch, andere Therapien, Fragen, Literatur, Ängste, Ärzte, Hoffnungen, Mängel des Medizinbetriebes: von jedem Treffen habe auch ich selbst in Form vielfältiger Anregungen profitiert.

Interessant für mich waren die verschiedenen Vorlieben für eine bestimmte Therapie und Komplementärtherapie, auch die unterschiedlichsten Begründungen, etwas zu tun oder zu lassen, etwa:

- eine Biopsie wird vermieden aus Furcht vor Risiken
- nicht die optimale Therapie steht im Vordergrund, sondern die Potenzerhaltung

Grundsatz aber war und soll es bleiben, dass jeder seinen eigenen Weg geht, Verantwortung übernimmt, selbst entscheidet.

Zurzeit hat die SHG ca. 80 Adressen und ca. 20 Teilnehmer beim monatlichen Treffen.

Meine »klinische Studie«, die zweifache Hormonblockade, im Arm »intermittierend«, verlief planmäßig, inzwischen bereits seit sechs Monaten. Ich erfüllte die Bedingungen für den endgültigen Einschluss in die Studie, da mein PSA-Wert unter 4 ng/ml und damit gegenüber dem Anfangswert um über 90% sank. Trotzdem begann ich mit einer Bestandsaufnahme, mit der schmerzlichen Erkenntnis, dass ich mich in einer palliativen Therapie befand, also ohne Aussicht auf Heilung.

Meine größte Sorge galt der irgendwann unweigerlich auftretenden Hormonresistenz, also dem Herausfallen aus der Studie. Ich war sehr mit Literaturstudium und mit der Frage befasst, ob durch eine massivere Hormontherapie der Beginn einer Hormonresistenz hinausgeschoben werden könnte, angeregt durch die zweimalige Begegnung mit der Verhinderung eines »flare-up« in Form nur anfänglich verstärkter Hormontherapie. Warum eigentlich nicht dauerhaft massivere Hormontherapie?

In dieser Phase besuchte ich mehrere Fach- und Patientenkongresse. Besonders beeindruckt war ich auf dem Kongress »Krebsmedizin 2000« in der Charité (November 1999) von der Aussage »Krebsforschung ist nicht nur Aufgabe der Mediziner, sondern auch der Patienten« des Präsidenten der Deutschen Krebsgesellschaft e. V., Prof. Weißbach.

Ein Teilnehmer der SHG, der leider verstorbene Reinhard G., konnte mir noch kurz vor seinem Tod mit auf den Weg geben: »Suche nach Therapien und Studien im Internet, und chatte im Internet!«.

Was ich suchte, fand ich dann auf dem 1. Koblenzer Patientenkongress (ebenfalls November 1999). Dort lernte ich den Kollegen Ligensa kennen, der die sogenannte »Dreifache intermittierende Hormonblockade« nach Dr. B. Leibowitz, USA, im Internet nach vielem Suchen gefunden hatte und statt einer angeratenen Operation anwendete. Er lieh mir seine Unterlagen für eine Nacht im Koblenzer Hotel: Ich war fasziniert und habe die Ergebnisse und Begründungen von Leibowitz förmlich verschlungen. An Schlaf war nicht zu denken.

Die »Dreifache intermittierende Hormonblockade«, zunächst für die Stadien T1 bis T3, besteht aus:

1) 1. Zyklus ca. 13 Monate Zoladex® + 3 x Casodex® + Proscar®
2) anschließend Erhaltungstherapie nur mit Proscar ®
3) 2. Zyklus, sobald der PSA-Wert auf 10 bis 20 mg/ml angestiegen ist usw.

Die Überraschung war, dass der 2. Zyklus bei 99 von 100 Männern nicht erforderlich wurde, da der PSA-Wert nur auf ein niedriges Niveau anstieg und dort stehen blieb. Die längste Zeit nach dem 1. Zyklus beträgt 9 Jahre, zitiert Leibowitz an anderer Stelle, und die ursachenspezifische Überlebensrate beträgt 100%.

Für mich verblüffend war die Ähnlichkeit mit meiner bisherigen Studie, speziell im ersten Monat mit Zoladex® und dreimal Casodex®: Leibowitz wendet eben diese Dosierung über 13 Monate an, erweitert um Proscar®. Ich musste also nicht die Medikamente wechseln, sondern lediglich die Dosierung und Blockbildung, ergänzt um Proscar®.

Die Thesen von Leibowitz lauten:

- Prostatakrebs ist »ziemlich von Anfang an« keine lokale Erkrankung der Prostata, sondern eine systemische Erkrankung des ganzen Körpers

- Prostatakrebs entwickelt sich ständig weiter, und zwar hin zum aggressiveren Krebs

Zusammengefasst in einer einprägsamen Formel gilt: »Immer, massiv und sofort«

Im Ergebnis könnte, vorsichtig formuliert, die »Dreifache Hormonblockade« eine Alternative sein für alle radikalen Eingriffe bei den nicht metastatierten Stadien T1 bis T3. Die bekannten Hormontherapien werden im Prinzip verzögert angewendet (Argument: »You cannot make the asymptomatic better.«).

Leibowitz dreht die Reihenfolge um und wendet die »Dreifache Hormonblockade« immer sofort an. Ich musste für mich klären, ob auch für mein Stadium T4 N2 MO dieses Schema noch gültig war. Nach Auswertung aller Unterlagen von Leibowitz und Rückfragen stand fest: Die Therapie ist auch für mich anwendbar. Zu klären war nur noch, welche zusätzlichen Maßnahmen bei mir erforderlich werden würden. Somit kam eine Konsultation bei Dr. Leibowitz in Betracht. Im Januar 2000 war ich soweit, von der zweifachen in die »Dreifache Hormonblockade« zu wechseln.

Prof. Weißbach machte mir, wie im Stillen erhofft, keinerlei Schwierigkeiten. Mein PSA-Wert sank nochmals, und zwar auf 0,02 ng/ml, und liegt seit nunmehr neun Monaten unter der Grenze der Messbarkeit (Definition von Leibowitz). Damit beträgt die Absenkung des PSA-Wertes vom Ausgangswert ca. 99,98%, ausgehend vom Tiefstpunkt in der »Zweifachen Hormonblockade« ca. 90%.

Im April 2000 wurde ein Abstract von Dr. Leibowitz im Tätigkeitsbericht der »American Society of Clinical Oncology« (ASCO), Band 19, 2000, Nr. 1493 veröffentlicht. Damit dürfte die wissenschaftliche Anerkennung von Dr. Leibowitz beginnen. Am 15. August 2000 habe ich Dr. Leibowitz in Los Angeles aufgesucht. Eine zweite Kernspintomographie diente als Dokumentation meiner Fortschritte gegenüber dem Beginn meiner Therapie vor 18 Monaten. Ergebnis: Teilremission mit Tendenz zur Vollremission. Nach Leibowitz konnte ich die »Dreifache Hormonblockade« beenden, da ein wesentliches Kriterium seiner Therapie erfüllt war:
Mein PSA-Wert war neun Monate lang »unmessbar«, also kleiner gleich 0,1 ng/ml. Um die Teilremission aufrechtzuerhalten, hat Leibowitz neben der Erhaltungstherapie mit Proscar® zusätzlich das Bisphosphonat

Aredia® und Thalomid vorgesehen. Dies zu meinem Sonderweg.

Inzwischen wird Dr. Leibowitz in den meisten Selbsthilfegruppen diskutiert, und ca. 50 Patienten werden mit der »Dreifachen Hormonblockade« behandelt. Ärzte, die nach dieser Therapie vorgehen, gibt es nicht.

Um aus Patientensicht der Therapie von Leibowitz zu mehr Bekanntheit und Anerkennung zu verhelfen, wurde Kontakt aufgenommen zur AUO (Arbeitsgemeinschaft der Urologischen Onkologie). Die AUO ist auch zuständig für »Klinische Studien Prostatakrebs«.

Das Jahr 2000 ist ferner das Jahr beginnender überörtlicher und internationaler Kontakte. Am 18. Februar 2000 hat sich bei der Deutschen Krebsgesellschaft in Frankfurt/Main die PSA Deutschland (Prostatakrebs Selbsthilfe AG Deutschland) konstituiert (23 Selbsthilfegruppen). Der nächste Schritt war die Vereinsgründung bei der Deutschen Krebshilfe in Bonn, nun unter dem Namen Bundes-AG Prostatakrebs Selbsthilfe e. V. (BPS) i. G..

Internationale Kontakte wurden vom Kollegen Ligensa wahrgenommen. Im Juni 2000 fand in Paris ein Internationales Treffen von führenden Prostatakrebs-Patienten-Organisationen statt mit Teilnehmern aus den Ländern USA, Kanada, Japan, England, Schweden, Italien und Deutschland. Das Ziel des Veranstalters, der Firma AstraZeneca, war die Bedürfnisse der Prostatakrebskranken weltweit (für ihre Forschungsleitlinien) kennen zu lernen.

Aufgegriffen wurde der Gedanke einer globalen Prostatakrebs-Vereinigung, um diese verschwiegene Krankheit, deren angemessene Behandlung und die Notwendigkeit der Unterstützung der Betroffenen stärker in das Bewusstsein der Öffentlichkeit zu rücken.

So wurde auch bereits erörtert, einen »World Prostate Cancer Day« zu organisieren.

Zum Schluss der Aufruf an die Männer:

- Nehmt die sog. »Krebsvorsorge« wahr! Nur jeder fünfte Mann nimmt sie wahr; zum Vergleich: Jede zweite Frau nimmt die Krebsvorsorge wahr
- Jeder Mann sollte seinen PSA-Wert und dessen Bedeutung kennen.
- Sucht eine Selbsthilfegruppe oder gründet selbst eine SHG!

- Überwindet das Tabu um die »verschwiegene Männerkrankheit« und die Isolation!
- Nehmt den Kampf auf gegen den Prostatakrebs! Zum Vergleich: Frauen mit Brustkrebs demonstrieren bereits in den USA für politische Forderungen.

Anmerkung:

Der größte Teil dieses Vortrags ist Bestandteil meiner Bewerbung um den Förderpreis der Berliner Krebsgesellschaft e.V. »Selbsthilfe nach Krebs«. Wie ich vor einigen Tagen erfahren habe, war das Glück auf meiner Seite und ich gewann einen der Förderpreise.

Weiterführende Literatur und Internetadressen

(1) www.prostatepointers.org/prostate/leibowitz/: Patientenorientierte Veröffentlichung von B. Leibowitz
(2) Uroonkologie: Therapie des virginellen metastasierten Prostatakarzinoms. Hrsg. Rübben, H., ...Verlag, 341-42
(3) Weißbach, L. in Krebsmedizin 2000 – Perspektiven. Hrsg. Sehouli, J., Lichtenegger, W., Walter de Gruyter Verlag

Sandra Hickstein

Robert-Rössle-Klinik, Charité Campus Buch

PIA – Patienten informiert und aktiv

Mehr als andere Krankheitsdiagnosen ist die Mitteilung einer Krebserkrankung bei Patienten und Angehörigen mit intensiven Belastungen verbunden. Im Vordergrund stehen starke Ängste vor Einsamkeit, Verlust von Familie und Freunden, vor Schmerzen, Identitätsverlust (Entstellung bzw. Auflösung des eigenen Körpers), Verlust der Selbstkontrolle und auch vor behandlungsbedingten Nebenwirkungen. In den möglichen Phasen einer Krebserkrankung wie Diagnosestellung, erste Remission, Auftreten von Rezidiven oder Metastasen und Terminalphase sind die Betroffenen wechselnden Anforderungen bei der Entwicklung von Bewältigungsstrategien ausgesetzt.

Die in der Routine des normalen Krankenhausalltags im Vordergrund stehenden Dinge, wie die Gewährleistung reibungsloser organisatorischer Abläufe (effiziente Diagnostik, kurze Liegezeiten), bieten oft nur unzureichende Möglichkeiten auf die individuellen Bedürfnisse des Patienten einzugehen. Für die Betroffenen gibt es nur wenig Gelegenheit, Anregungen und Hilfestellung bei der Entwicklung von Bewältigungsstrategien zu erhalten.

Andererseits müssen Krebspatienten in unserer Informationsgesellschaft mit einer Flut von über die Medien vermittelten krankheitsbezogenen Zusatzinformationen umgehen und diese mit den sie selbst betreffenden Tatsachen abgleichen.

Es wird zunehmend von ihnen erwartet, ihr Schicksal in die eigenen Hände zu nehmen. Negative Affekte wie Verunsicherung, Entfremdungs- und Schuldgefühle, Isolation, Hilf- und Hoffnungslosigkeit und depressive Verstimmung können die Folge sein.

Aus der psychoonkologischen Forschung ist andererseits bekannt, dass sich gerade eine von Hilf- und Hoffnungslosigkeit geprägte Grundhaltung negativ auf Krankheitsverlauf und Therapieerfolg auswirken kann.

In Umsetzung dieser Erkenntnisse wurde im September 1999 an der Robert-Rössle Klinik der Charité Campus Mitte in Berlin von einer interdisziplinären Arbeitsgruppe, bestehend aus einer Psychologin, eine Sozialarbeiterin, eine Rehapädagogin, zwei Krankenschwestern und vier Ärztinnen und Ärzten, das Projekt PIA (Patienten – Informiert und Aktiv) ins Leben gerufen.

PIA hat sich zum Ziel gesetzt, Krebspatienten bei der Verarbeitung ihrer Erkrankung und der notwendigen Neuorientierung behilflich zu sein. Anliegen der Arbeitsgruppe ist es einerseits, den Patienten die Möglichkeit zu geben, sich über Aspekte der Krebserkrankung und -behandlung, allgemeine Regeln der gesunden Lebensführung (Ernährung, Bewegung etc.) sowie psychosoziale Hilfsangebote zu informieren. Andererseits soll über regelmäßige Gruppenangebote ein Beitrag zur Ablenkung und Neuorientierung geleistet werden.

Übergreifendes Hauptziel ist es, über eine Aktivierung der Patienten Hilfestellung bei der Krankheitsbewältigung zu geben und zur Verbesserung der Lebensqualität beizutragen.

PIA bietet den Patientinnen und Patienten der Robert-Rössle-Klinik ein Programm aus fünf regelmäßig einmal wöchentlich stattfindenden Gruppenveranstaltungen (Kunsttherapie, Entspannungstraining in Anlehnung an die Simonton-Methode, Forum zu psychosozialen Rechten, Informationen zu gesunder Ernährung, Bewegungsübungen und ein »Internettreff«) sowie eine, jeweils Dienstagabend stattfindende Informationsveranstaltung zu krankheitsbezogenen Themen (»Was ist Chemotherapie?«, Erfahrungsberichte von Betroffenen, Vorstellung von Selbsthilfegruppen) im Wechsel mit Veranstaltungen, wie Reiseberichten, Lesungen etc. Das Programm wird durch das Engagement von an der Robert-Rössle-Klinik Beschäftigten und einer momentan über die Berliner Krebsgesellschaft finanzierten Kunsttherapeutin gewährleistet. Weitere Informationen, einschließlich dem aktuellen Programmangebot, können im Internet unter http://www.pia.de.vu abgerufen werden.

Entspannungsübungen

Eine der regelmäßigen wöchentlichen Gruppenveranstaltungen sind die Entspannungsübungen. Sie sind Elemente aus dem »Bochumer Gesundheitstraining(BG)« welches basierend auf der Grundidee der Simonton-

Methode an der Ruhr-Universität in Bochum Ende der achtziger Jahre entwickelt wurde.

Das »BG« bietet Möglichkeiten, sich selbst zur Gesundwerdung bzw. - erhaltung zu aktivieren und trainieren. Es behandelt verschiedene Themen wie z.B. Umgang mit sich selbst , Ernährung , Bewegung , Gestaltung des Alltags usw., die in praktischen Übungen vertieft werden.

Oft sind die Patienten, aufgrund der Diagnose und ihrer Behandlungen, in einem seelisch und körperlich stark belasteten Zustand.

In der Entspannungsübung soll im Patienten die Wahrnehmung und Aufmerksamkeit für sich selbst geweckt werden. Zum anderen wird der Patient aus der Lethargie des Krankenhausalltags heraus geholt und aktiv in seinen Behandlungsprozess einbezogen.

Bei leichten Bewegungs- und Atemübungen, kann er Veränderung im eigenen Körper- bzw Wohlempfinden wahrnehmen und in von mir angeleiteten Visualisierungen (bildhaften Vorstellungen) entspannen und neue Kraft schöpfen. Die Übungen sind so ausgewählt, dass die Patienten sie auch im Krankenbett bei stark reduziertem Allgemeinzustand und allein wiederholen können.

Kunsttherapie

Ebenfalls dem PIA-Programm angehörend besteht seit Januar 2000 für die Patienten unseres Hauses das Angebot der Kunsttherapie. Diese Stelle wurde von PIA ins Leben gerufen und wird von der Berliner Krebsgesellschaft befristet bis April 2001 finanziert.

Wo Worte fehlen sprechen Bilder. Kunsttherapie ist eine nonverbale Therapieform, die hauptsächlich handlungsaktivierend, konfliktfokussierend und -lösend sowie sinnfördernd ausgerichtet ist. In Bezug auf die Klientel der Robert-Rössle-Klinik erfüllt die Kunsttherapie die Aufgabe psychotherapeutischer Unterstützung, die dem Patienten helfen soll, sich kreativ mit seiner veränderten Lebenssituation bzw. der Erfahrung seiner Krankheit auseinander zu setzen, sie neu zu bewerten und, wenn irgend möglich, aktiv zu bewältigen.

Für die Arbeit mit den Patienten steht ein ausreichendes Grundsortiment künstlerisch-gestalterischer Materialien und Werkzeuge zur Verfügung: Ob Malen mit Akryl- oder Aquarellfarbe, Zeichnen mit Öl- oder Pastellkreiden, Plastizieren mit Ton, das Zusammenkleben von Kollagen, Zufallstechniken wie »Nass in Nass« und Enkaustik (Zerschmelzen von Wachs) oder eine Kombination aus verschiedenen Techniken: Wichtig ist, dass die Patienten durch das künstlerisch-kreative Gestalten zu ihrem eigenen Wohlbefinden beitragen.

Die Patienten arbeiten auf ihren Krankenzimmern am Bett oder wenn möglich am Tisch. In den warmen Jahreszeiten gehen mobile Patienten nach draußen, wo die Natur zum gestalterischen Arbeiten inspiriert und allein das intensive Beobachten und Wahrnehmen des Wachsens, Blühens und Vergehens der Pflanzen oder der Beschäftigungen der Tiere eine wohltuende Wirkung hat.

Im Rahmen dieser Einzeltherapien wird individuell auf die Bedürfnisse und den künstlerischen Prozess eines jeden Patienten eingegangen. Sie werden begleitet und unterstützt. Dies gilt sowohl für die Auswahl der passenden Techniken und Materialien sowie deren Anwendung, als auch das Finden des eigenen Themas.

Einmal in der Woche sind die Patienten zur Gruppenarbeit eingeladen. An diesen Nachmittagen gebe ich meistens ein bestimmtes Thema, eine Technik oder ein Motto, so wie z.B. Malen nach Musik, vor.

Da bisher viele Patienten die Kunsttherapie intensiv in Anspruch nehmen und das Projekt breiten Anklang findet, wird sich PIA für eine weitere Finanzierung einsetzen.

Forum zu Angeboten des Psychosozialen Dienstes im Hause

Die Diagnose Krebs bringt den Patienten und seine Angehörigen in eine völlig neue Lebenssituation, in der es notwendig wird, sich mit existenziellen Fragen aus dem Bereich der sozialen Gesetzgebung vertraut zu machen.

Der Informationsbedarf entsteht verständlicherweise zumeist erst nach einiger Zeit der Krankheitsverarbeitung, so dass Ansprüche verloren gehen können.

Um dem vorzubeugen und den Patienten einen lockeren Rahmen und vertrauten Kreis von Angehörigen und Mitpatienten zu bieten, der Fragen und Diskussionen erleichtert , wurde von PIA ein Soziales Forum ins Leben gerufen.

Die Erfahrung zeigt, dass Patienten, die über ihre Rechte und sozialen Absicherungen gut informiert sind, ihre Krankheitsbewältigung gezielter und bewusster angehen und eine Struktur entwickeln, in der sie aktiv und selbstbestimmt wirksam werden können. Daraus schöpft der Patient neues Selbstbewusstsein und die Erkenntnis nicht allein gelassen zu sein.

Selbsthilfe in der Krebsbehandlung

Ernst Bergemann

Onkologisches Patientenseminar Berlin-Brandenburg e. V. (OPS)

Auf dem Weg zur standardisierten Selbsthilfe Krebs

Kritiker glauben, dass es heute nur noch wenig Solidargemeinschaft im Gesundheitswesen gibt. Dieses Buch beweist das Gegenteil. Politiker, Sprecher des Deutschen Paritätischen Wohlfahrtsverbandes (DPW), Ärzte, Psychologen und Kassenvertreter helfen Krebspatienten, den mühevollen Weg der standardisierten Selbsthilfe Krebs zu gehen. Politiker schufen die Gesetze, der Deutsche Paritätische Wohlfahrtsverband als Interessenvertreter der Selbsthilfe fordert sie ein und die Kassen realisieren sie. Welche Rolle sollen wir Patienten übernehmen?

In dem Buch von Roy Porter »Die Kunst des Heilens. Eine medizinische Geschichte der Menschheit von der Antike bis heute« (1) schreibt Dietrich von Engelhardt im Geleitwort: »Die Geschichte der Medizin verbindet – wie die Medizin selbst – Naturwissenschaften und Geisteswissenschaften, bezieht sich gleichermassen auf Physiologie, Pathologie, Therapie, Arzt und Patient wie auf Gesellschaft, Politik, Recht, Künste, Philosophie und Theologie«. Man könnte meinen, Porter hätte dieses Buch für das OPS geschrieben. In vielen Patienten, besonders in den Krebspatienten, lebt noch die Sehnsucht nach ganzheitlichem Denken, nach einer »Ganzheitsmedizin«.

Deshalb versuchen wir, Apparate-, Labor- und Biomedizin mit Psychologie, Kunst, Philosophie und Theologie zu verbinden.

Wir leben im Zeitalter der Spezialisierung. Gefragt ist – auch in der Onkologie – der Fachmann, der Spezialist. In der Regel sind Krebspatienten nicht vom Fach. Sie trösten sich damit, dass jeder Experte auch nur auf seinem Spezialgebiet ein Fachmann ist. Auf anderen Gebieten ist er ebenfalls Laie. Wer viel weiß, weiß auch wie wenig er weiß. Nur wer wenig weiß, glaubt alles zu wissen.

Krebspatienten haben ein großes medizinisches Bildungsbedürfnis. Deshalb veranstaltet das OPS medizinische Kongresse, Fortbildungen und Seminare, in denen Experten außerhalb des klinischen Alltags in Ruhe alle offenen Fragen beantworten können. Prof. Dr. Dieter Huhn, der ehemalige Vorsitzende des OPS, weist in seinem Beitrag darauf hin.

Ulrike Plogstieß und Detlev Fronhöfer von der AOK für das Land Brandenburg sagen zu Recht, dass eine der Ursachen für das Entstehen von Selbsthilfegruppen die wachsende Unzufriedenheit vieler Menschen mit der seelenlosen Apparatemedizin sei. Deshalb organisieren wir Seminare, Treffen von Selbsthilfegruppen und zahlreiche Einzelgespräche mit Psychologen und Theologen, z. B. mit Dr. Bauschke von der Stiftung Weltethos Berlin zum Thema »Kampf oder Dialog der Kulturen?«.

Die Kunst spielt in unserer Arbeit ebenfalls eine große Rolle. In der Selbsthilfegruppe Musikpsychologie wurden zum Beispiel Programm und Kritik zur Aufführung des »Messias« von Georg Friedrich Händel geschrieben, die wir als Abschluss unseres Kongresses »Selbsthilfe Krebs« am 13./14. Oktober 2000 organisierten. Sie wurde in unserer Hauszeitschrift »Team Charité« veröffentlicht:

Das war ein ganz besonderes Ereignis: Am Welthospiztag, dem 14. Oktober 2000, erklang gleichzeitig in 44 Ländern der Erde auf 566 Veranstaltungen das »Halleluja« aus dem »Messias« von G. F. Händel. Die Initiative ging von den Engländern aus. Mit der Aktion »BT Voices for Hospizes« wollten sie weltweit in Konzerten auf die Hospizidee, die Betreuung schwerkranker und sterbender Menschen, aufmerksam machen.

Die Berliner »Charité« durfte dabei nicht fehlen, da sie sich in ihrer Geschichte immer der »Barmherzigkeit« besonders verpflichtet gefühlt hat.

Krebspatienten der Charité hatten zusammen mit der Landesarbeitsgemeinschaft Hospiz Berlin und der Palliativmedizin Havelhöhe das Konzert als Abschluss des Kongresses »Selbsthilfe Krebs« organisiert. Schirmherrin des Kongresses war Bundesgesundheitsministerin Andrea Fischer, Schirmherr des Konzertes der Präsident des Deutschen Bundestages, Wolfgang Thierse.

Einen solchen Besucherstrom hatte die Gethsemane-Kirche wohl seit der Wende nicht mehr erlebt. Viele Mitarbeiterinnen und Mitarbeiter vom »Team Charité« waren gekommen. Lang andauernde Ovationen belohnten die Ausführenden für hervorragende Leistungen. Unter der inspirierenden Leitung von Prof. Heinz Schunk brachten der Ernst Senff Chor, das Kammerorchester Heinz Schunk sowie die Sopranistin Esther Hilsberg, die

Altistin Anna Fischer, der Tenor David Oliver und der Bass Jörg Schneider einen nur wenig gekürzten »Messias« zur Aufführung. Jörg Schneider gab zum Schluss der tief empfundenen und mit großem Können vorgetragenen Arie »Die Trombe erschallt« überzeugenden Ausdruck. Besonders beeindruckte der Ernst Senff Chor. Mit dem strahlenden »Ehre sei Gott«, den Koloraturen in »Der Herr gab das Wort«, dem Staccato »Auf zerreißet ihre Bande«, dem dramatischen Kontrast zwischen dem »Halleluja« und »Wie durch einen der Tod« bis zum abschließenden »Amen« konnte er seine hohe Gesangskultur unter Beweis stellen.

Der Dirigent, Prof. Heinz Schunk, steigerte den Ausdruck der Musik zu großer Intensität. Kann uns Menschen des 21. Jahrhunderts Händels Oratorium noch etwas sagen? Ist »der Welten Gott« noch unser Gott? Werden wir alle im Tod »verwandelt«? Was verbindet uns? Geht nicht »jeder seinen eignen Weg«? Der »Messias« gibt darauf eine einzigartige Antwort. Er endet mit »Amen«, dem Jahrtausende alten ägyptischen Wort für Gott.

Dieses Wort verbindet die ägyptische Kultur mit der des Islam, des Judentums, des Christentums und des Buddhismus. »Amen« und »Zen« bedeuten dasselbe: Es ist so, es gibt nur eine Wahrheit, obwohl jeder sie von seinem Standpunkt aus anders sieht. So gesehen ist der Messias immer noch sehr aktuell. Auch unser Bildungssystem mit den Universitäten kann nur funktionieren, wenn jeder sich als Teil eines großen Ganzen sieht. Das verstand jedenfalls Alexander von Humboldt unter dem lateinischen Wort »universitas« (3).

In derselben Kirche dirigierte ein Krebspatient von uns am Karfreitag, dem 13. April 2000, die Kantaten von Johann Sebastian Bach »Ich habe genug« und »Ich will den Kreuzstab gerne tragen«. In einer Meditation zwischen den Kantaten fragten wir uns, ob Bachs künstlerische Vision einen realen geschichtlichen, vielleicht sogar naturwissenschaftlichen Hintergrund hat. Wir stellten fest, dass die Alten Ägypter dieselben Visionen hatten. Eugen Drewermann schildert sie in seinem Buch »Ich steige hinab in die Barke der Sonne«. Auch große Naturwissenschaftler wie Max Planck, Albert Einstein und Carl Friedrich Gauß waren derselben Meinung. Religion muss noch weitaus mehr sein als das, was wir Menschen daraus gemacht haben.

In einer Umfrage zum Glauben in unserer Zeit sagten etwa 20%, dass sie noch an Gott und die Kirche glauben. 30% glaubten nur noch an Gott und 50% nannten sich Atheisten. Wer jedoch an nichts mehr glaubt, empfindet in sich selbst oft eine schreckliche geistige Leere, die wie ein »schwarzes Loch« alles Licht aufsaugt und ihm jede Kraft nimmt.

Woher bekommt man Trost und Hoffnung, woher die Energie, die man zu einem sinnvollen und glücklichen Leben mit oder ohne Krebs so dringend braucht?

Was kann man tun, um eigene Heilungskräfte zu aktivieren? Wie kann man glücklich werden, auch wenn man medizinisch nicht mehr geheilt werden kann? Gibt es eine naturwissenschaftliche Religion?

In der Selbsthilfegruppe »Energieentwicklung« überlegten wir, was Energie eigentlich ist. Die neue Brockhaus Enzyklopädie definiert den Begriff »Energie« ganzheitlich. Energie ist erstens ein geisteswissenschaftlicher Begriff: Tatkraft und Schwung, also körperliche, seelische, intellektuelle und geistige Kraft und zweitens ein physikalischer, chemischer und biologischer Begriff.

Die Physik spricht von mechanischer, kinetischer, elektrischer, magnetischer, Strahlungs-, Wärme- oder Sonnenenergie. Das Gesetz von der Erhaltung der Energie wurde 1673 von C. Huygens und 1684 von G. W. Leibniz für die mechanische Energie entdeckt, J. R. v. Mayer wandte es 1842 für die Wärmeenergie an. Heute wird es auf alle anderen Formen von Energie erweitert. Energie wird in der Natur nicht zerstört, sondern immer nur verwandelt. Physik hat sehr viel mit Medizin zu tun. Ohne Physik und die »Apparatemedizin« gäbe es keine vernünftige medizinische Diagnose.

Die Chemie ist die Lehre von den Stoffen und ihren Verbindungen, z. B. denen von Sauerstoff, Wasserstoff, Stickstoff oder Kohlenstoff, den Grundbausteinen organischen Lebens. Masse oder Materie ist konzentrierte Energie, sie wird nach der berühmten Formel Albert Einsteins $E = m \times c^2$ berechnet. Durch Atomkernspaltung kann sie wieder freigesetzt werden. Im Verlauf der Evolution konzentrieren sich Stoffe zu immer komplizierter werdenden organischen Verbindungen, z. B. den Proteinen, Aminosäuren oder Kohlenwasserstoffen, die zur Grundlage des Lebens werden.
Ohne Chemie, ohne Labormedizin, ist Medizin ebenfalls nicht möglich.
Die chemisch-pharmazeutsche Industrie ist und bleibt ein unverzichtbarer Teil der Medizin.

Die Biologie erklärt die Evolution des Pflanzen- und Tierreiches. Aus einfachen organischen Verbindungen werden immer kompliziertere Verbindungen aufgebaut. Pflanzen atmen Kohlendioxyd ein und Sauerstoff aus. Bei Tieren ist es genau umgekehrt. Beide leben von Wasser, Mineralien und Spurenelementen. Dadurch wachsen sie. Sonnenenergie und chemische Energie werden durch den Stoffwechsel von Pflanzen und Tieren in biologische Energie verwandelt. Die Biomedizin prüft den Stoffwechsel, z. B. die Lungen-, Magen- oder Nierenfunktion. In der medizinischen Diagnostik und Therapie sind Funktionsprüfungen unverzichtbar.

Wir sehen, ohne Physik, Chemie und Biologie gäbe es weder uns noch die Medizin.

Wir alle leben von Licht, Sauerstoff und Wasser, von pflanzlicher und tierischer Nahrung. Ohne Licht und Wärme der Sonne könnten wir nur wenige Sekunden, ohne Atmung nur wenige Minuten, ohne Wasser nur wenige Wochen und ohne pflanzliche und tierische Nahrung nur wenige Monate leben. Deshalb lauten unsere vier ersten Regeln:

1. Genieße die Sonne - nicht zu wenig, nicht zu viel (Melanom)!
2. Achte immer auf »frische Luft«, schlafe bei offenem Fenster, atme tief und ruhig!
3. Essen und Trinken hält Leib und Seele zusammen.
4. Schlafe jede Nacht ausreichend und tief!

Sonnenenergie, Bewegung an frischer Luft, Obstsäfte und gute Getränke, ein schmackhaftes Essen mit ausgewogener pflanzlicher und tierischer Nahrung können oft Wunder bewirken. Deshalb veranstalten wir Seminare zum Thema Ernährung. Im Frühling fahren wir zu Seminaren in eine besonders schöne Umgebung, zum Beispiel an die Ostsee. Im Herbst wandern wir. Viele von uns sind begeisterte Naturliebhaber. Vater Sonne und Mutter Erde mit ihrem Rhythmus von Tag und Nacht, Wachen und Schlafen, wiegen uns nachts in den Schlaf. Aktive, sinnvolle Gestaltung des Tages führt meistens auch zu entspanntem tiefen Schlaf. Hippokrates, der Stammvater unserer Medizin, schickte Kranke zuerst zum »Heilschlaf« in die Tempel von Kos. Doch wir brauchen noch etwas anderes, um glücklich sein zu können.

Die Weltgesundheitsorganisation (WHO) definiert Gesundheit nicht nur als körperliches, sondern auch als psychisches, soziales und geistiges Wohlbefinden.

Unsere nächsten drei Regeln lauten deshalb:

5. Liebe, um geliebt zu werden!
6. Verstehe, um verstanden zu werden!
7. Lebe bewusst, um selbstbewusst zu werden!

Kommunikation auf den drei verschiedenen Ebenen ist schwer. Wäre sie einfacher, gäbe es weniger Kriege auf der Erde. Auch in der Krebsbehandlung ist Kommunikation der Krebspatienten und der verschiedenen Berufsgruppen untereinander problematisch. Es gibt viele Enttäuschungen, wenn Krebspatienten mit der Erwartungshaltung an eine »Ganzheitsmedizin« den Arzt aufsuchen und nur in Eile als Nummer abgefertigt werden.

Die Medizin von heute ist hochspezialisiert und kann den Anspruch auf psychische, psychosoziale und geistige Betreuung zeitlich nicht mehr erfüllen. Psyche, Intelligenz und Bewusstsein, die drei Hauptfaktoren der menschlichen Persönlichkeit, sind außerdem wissenschaftlich nur noch schwer messbar. Sie haben keine Strukturformel, man kann sie nicht im Reagenzglas herstellen und als Tablette oder Spritze verabreichen. Jeder Mensch muss sich solche Eigenschaften autogen, aus eigener Kraft, schaffen.

Dennoch forderte Rudolf Virchow, dass die Medizin eine »Einheitswissenschaft sein sollte, die Summe alles Wissens vom Menschen, die summa medicinae«?

Auch sein Schüler, der Heidelberger Kliniker Ludolf v. Krehl, sah die Weiterentwicklung der Medizin »in dem Eintritt der Persönlichkeit als Forschungs- und Wertungsobjekt der Medizin«. Selbst Mediziner von heute, wie z. B. Thure von Uexküll, wollen, dass psychosoziale Aspekte in jede Spezialdisziplin integriert werden. (4).

Nach unserer Meinung ist Persönlichkeitsbildung der wichtigste Sinn unseres Lebens. Dafür leben, lieben, leiden, lernen, forschen und lehren wir. Um uns gegenseitig zu helfen, Persönlichkeit zu bilden, veranstalten wir sogenannte APT-Seminare (Autogenes Persönlichkeits-Training).

Literatur

(1) Engelhardt, D. v.: Geleitwort in »Die Kunst des Heilens. Eine medizinische Geschichte der Menschheit von der Antike bis heute«, Hrsg. Porter, R., Spektrum Akademischer Verlag, 2000
(2) Porter, R.: Die Kunst des Heilens. Eine Geschichte der Menschheit von der Antike bis heute, Spektrum Akademischer Verlag, 2000
(3) Thierse, W.: Geleitwort in »Krebsmedizin 2000 – Perspektiven«, Hrsg. Sehouli, J., Lichtenegger,W., Verlag Walter de Gruyter, 2000
(4) Uexküll, T.: Psychosomatische Medizin, Hrsg. Uexküll, T. v., Verlag Urban und Schwarzenberg, 5. Auflage 1996, 1 - 52

Helmut Schweis

Diplompsychologe, Selbsthilfegruppe Psychoonkologie

Seit Anfang 2000 bietet das Onkologische Patientenseminar Berlin-Brandenburg e.V. (OPS) für krebserkrankte Menschen, ihre Angehörigen und alle an der Krebsbehandlung beteiligten Berufsgruppen in Erweiterung des Autogenen Trainings (AT) sogenannte APT-Seminare zum Autogenen Persönlichkeits-Training an. Autogen kommt aus dem Griechischen und bedeutet aus sich selbst heraus. Das Trainieren unserer eigenen Kräfte ist für uns damit zum Programm geworden. Das wesentliche Ziel im APT ist es, jene Eigenschaften, die unser innerstes Wesen charakterisieren, in einem schrittweisen Lernprozess in unserem Leben auszudrücken. Es zu trainieren heißt, es wirklich zu tun und nicht nur darüber nachzudenken und zu reflektieren. Dies üben wir gemeinsam in Form von Einzel- und Paargesprächen, aber auch in Gesprächsgruppen.

Dieses Persönlichkeitstraining umfasst ein breites Spektrum verschiedener Übungen und Methoden, die Ihnen dabei helfen können, Ihren eigenen Weg zu mehr Lebensqualität und Freude zu finden. Um Ihnen einen Einblick zu ermöglichen, werde ich die folgenden Überlegungen mit kleinen Übungen verbinden, die Sie während des Beitrags gerne mitmachen können. Dies ist mitunter die leichteste Art an den Kern des Ganzen heranzukommen. Wie können Sie sich selbst auf die Spur kommen?

Wenn Sie möchten, können Sie für eine kurze Zeit die Augen schließen, und innerlich nachschauen, ob Ihnen spontan Ideen oder Bilder kommen auf eine Frage, die ich Ihnen gleich stellen werde: »Was würde Ihnen jetzt gut tun?« Ich hoffe Sie verlassen jetzt nicht den Raum, um sich in die Sonne zu legen oder eine Reise in die Südsee zu buchen. Schön, dass Sie hierbleiben und einen Teil Ihrer wertvollen Lebenszeit mit dieser Lektüre zubringen. Unsere Wünsche sind leider ein zweischneidiges Schwert. Wenn ein Wunsch entsteht, hat er die Tendenz sich zu verwirklichen und bindet auf diese Weise physische und psychische Energie. Sie können sich das bildhaft so vorstellen, als würden wir alle mit einem Rucksack durch dieses Leben reisen.

In diesen Rucksack packen wir unsere Wünsche. Alles, von dem wir glauben, dass wir es benötigen, um glücklich und zufrieden leben zu können. Und mit der Zeit wird unser Gepäck auf dieser Lebensreise immer schwerer. Leider wird auch unsere Kraft immer geringer, je schwerer dieser Rucksack wird.

Nun gibt es grundsätzlich zwei Möglichkeiten, sich selbst die in unseren Wünschen gebundene Energie wieder zugänglich zu machen. Zum einen können Sie einen Wunsch aus Ihrem Rucksack nehmen und diesen in die Tat umsetzen und sich z.B. in die Sonne legen. Auf diese Weise wird all die Energie frei, die in diesem Wunsch gebunden ist. Dies zeigt sich unmittelbar an einem sehr einfachen Kriterium: Sie empfinden Freude. Sobald in Ihnen vermehrt Gefühle der Unzufriedenheit auftauchen, sollten Sie dies als warnenden Hinweis nehmen und Ihren Umgang mit sich selbst und Ihren Wünschen überprüfen.

Die andere Möglichkeit, Ihre Lebensenergie wieder zu erhöhen, besteht paradoxerweise darin, dass Sie Ihren Wunsch freilassen, so als würden Sie ihn aus Ihrem Rucksack nehmen, ihn in Ihrer offenen Hand betrachten und, wenn Ihr Herz nicht mehr daran hängt, lassen Sie ihn einfach wie einen Vogel fliegen. Sie schenken ihm und sich selbst auf diese Weise die Freiheit. Doch prüfen Sie genau, ob Ihr Herz nicht doch noch an diesem Wunsch hängt, sonst packen Sie ihn lieber wieder in Ihren Rucksack oder, noch besser, Sie setzen ihn in die Tat um und lassen ihn Wirklichkeit werden.

Wir sind uns alle bewusst, dass Wünsche loszulassen ein schwerer Akt ist. Im konkreten Leben dies zu üben, ist jedoch wichtig. Vor allem bei unserer letzten Reise durch die Landschaft des Todes ist es entscheidend, die Last unserer Wünsche und Bindungen zu lösen. Doch auch auf Ihrem jetzigen Lebensweg ist es leichter, mit wenig Gepäck zu reisen.

Bei Menschen, die an Krebs erkrankt sind, gibt es mitunter einige auffallende Besonderheiten. Es ist nicht so, dass sie ihre Wünsche in ihrem Leben nicht umsetzen wollen, doch meist kommt ihnen etwas dazwischen, was gerade wichtiger ist. Dann vergessen sie ihren Wunsch wieder oder schleppen ihn – mehr oder weniger bewusst – weiter durch ihr Leben, ohne ihn und damit auch sich selbst auszudrücken. Dies ist oft verbunden mit einer Lebenshaltung des »Immer für andere Daseins« und dem Gefühl, dabei selbst auf der Strecke zu bleiben.

Bildlich gesprochen, ist für sie das Leben dann so, als würden die Wünsche anderer Menschen in ihrem Rucksack stecken. Auf diese Weise wird die zu tragende Last immer größer. Überprüfen Sie Ihre Beziehungen zu anderen Menschen einmal auf diese Weise. Wenn Sie das Gefühl haben, dass Ihnen eine Beziehung nicht gut tut, dann kann ein Grund darin liegen, dass Sie auf unbewusste Weise die Last des anderen tragen. Meines Erachtens sind Menschen, die an Krebs erkrankt sind, wahre Spezialisten darin, die Verantwortung anderer Menschen zu übernehmen. Eine wichtige Aufgabe ist es daher, »Nein« sagen zu lernen und sich mitunter auch ganz direkt abzugrenzen. Das soll niemand daran hindern, anderen zu helfen und auf bestmögliche Weise zu dienen. Auch das kann Ihnen sehr viel Freude bereiten. Doch machen Sie es dann, wenn Sie selbst genügend Kraft hierfür haben.

Es wurden in den letzten Jahren eine Reihe psychoonkologischer Verfahren entwickelt, die Ihnen dabei helfen können, wieder eigene Energie in sich zu entwickeln. Einige Entspannungs-, Visualisierungs- und Imaginationsübungen, Stress- und Angstbewältigungstechniken sowie Meditations- und Selbsthypnoseverfahren können Sie in diesem Persönlichkeitstraining kennenlernen.

So kann es beispielsweise für Sie sehr hilfreich sein, sich eine Liste Ihrer persönlichen Freuden zu machen. Schreiben Sie all die Dinge auf, die sie gerne tun, allein oder mit anderen zusammen, all das, was Ihnen Freude macht. Auf diese Weise werden sich nach und nach auch Ihre vergessenen Wünsche melden. Und setzen Sie das, was Ihnen Freude macht, in Ihre eigene Wirklichkeit um. Versuchen Sie es nicht – machen Sie es! Das Prinzip ist ganz einfach. Es heißt: »Mach es oder lass es!« Die Umsetzung ist leichter als Sie denken.

Wenn es Schwierigkeiten und individuelle Blockaden gibt, ist der Austausch mit anderen, beispielsweise in Selbsthilfegruppen, oft wegweisend.

Auch dieses Persönlichkeitstraining kann Ihnen hierbei eine Hilfestellung geben und Sie ein Stück Ihres Weges begleiten.

Letztlich ist der Lebensweg eines Menschen aufgrund seiner Erfahrungen und Lebensumstände sehr individuell gepägt. Dennoch ist es für jeden Menschen gleichermaßen wichtig, sich immer wieder zu fragen, wo er gerade steht und in welche Richtung er geht. Krankheiten sind immer Lehrmeister in Sachen Geduld. Sie geben Zeit zur Besinnung für eine langfristige Lebensausrichtung. Wohin bewegen Sie sich?

Was ist das Ziel Ihres Lebens?

Sobald Sie Ihr Leben auf zu viele Ziele ausrichten, verpufft ihre Energie in tausend Richtungen und Sie gehen bestenfalls im Kreise, sofern ihr Leben nicht zu einem Puzzle zerfällt. Die Diagnose einer schweren Krebserkrankung kann zu einem Zerbrechen des bisherigen Lebenszusammenhanges führen, für Sie selbst, wie auch für Ihre Angehörigen. Die Begegnung mit dem möglichen Tod infolge der Diagnose oder in Form einer meditativen Vorstellungsreise, kann zu einer wichtigen Erfahrung für Ihr Leben werden. Diese Begegnung hilft, Wesentliches im Leben zu erkennen und sich von vertrauten, aber schädigenden Gewohnheiten zu trennen. In der Begleitung sterbender Menschen haben wir viel über diese Zusammenhänge gelernt.

Es gibt jedoch auch einen anderen Zugang, der Ihnen vermutlich leichter fallen wird. Wie bereits gesagt, ist es das Ziel des Persönlichkeitstrainings, jene Eigenschaften, die unser innerstes Wesen charakterisieren, in einem schrittweisen Lernprozess im Leben auszudrücken. Was sind nun Eigenschaften? Wie der Name schon nahelegt, sind Eigenschaften das, was wir »eigen schaffen«, aus uns selbst heraus in unserem Leben ausdrücken.

Auf diese Weise schaffen wir die Qualitäten im Leben, die uns persönlich wichtig sind. Dies ist ein völlig anderer Zugang zur Lebensqualität.
Es geht nicht primär darum, Ihre Wünsche im Leben umzusetzen, sondern das kennenzulernen, was Ihnen wirklich wichtig ist, ihre Wesensqualitäten sozusagen. Die Wünsche sollten Ausdruck Ihrer Wesensqualitäten sein, nicht umgekehrt.

Ich möchte Sie nun mit einer Übung anleiten, sich selbst noch mehr auf die Spur zu kommen. Sie können die Augen schließen, wenn Sie möchten. Achten Sie nun einfach auf ihren Atem, wie Sie einatmen und ausatmen. Im Prinzip beginnt unser Leben damit, dass wir einatmen – zumindest hier auf der Erde – und es endet damit, dass wir ausatmen; und was dann kommt, können wir nicht wissen, allenfalls ahnen.

Doch noch atmen Sie. Und solange Sie atmen, leben Sie und können sich Ihres Lebens erfreuen, in jedem Moment. Sie können sich nun vorstellen, Ihnen würde jetzt gerade eine gute Fee begegnen, genauso wie in den Märchen. Und diese Fee spricht zu Ihnen:

»Du hast drei Wünsche frei. Du kannst dir drei Eigenschaften oder Qualitäten wünschen, die dir jetzt im Leben und in deiner Zukunft wichtig sind. Welche Eigenschaften oder Qualitäten wünschst du dir – selbst – als erstes... Und welche Eigenschaft oder Qualität als zweites... Und welche Eigenschaft oder Qualität ist für dich und dein Leben als drittes besonders wichtig?«

Denken Sie nicht zu lange darüber nach; lassen Sie auch Ihren spontanen Ideen oder intuitiven Eindrücken Raum. Schreiben Sie dann bitte diese Eigenschaften oder Qualitäten auf, damit Sie sie nicht vergessen und sich immer wieder daran erinnern. Sie werden es kaum glauben, aber sobald wir wieder in unseren alltäglichen Gewohnheiten verfangen sind, vergessen wir nur allzuleicht, was uns persönlich im Leben am wichtigsten ist. Es ist daher entscheidend, sich immer wieder daran zu erinnern. Alles, was Sie sich vorstellen können, ist in Ihnen. Es bedarf allerdings der bewussten Entscheidung und des persönlichen Mutes, um die Ihnen bedeutsamen Qualitäten in Ihrem Leben auszudrücken. Seinen eigenen Lebensweg zu gehen und zu gestalten, ist nicht immer einfach, aber immens wichtig. Im Grunde wissen Sie dies alles, das Persönlichkeitstraining erinnert Sie lediglich daran.

Die folgende Abschlussübung soll Sie künftig daran erinnern. Betrachten Sie einmal die Momente Ihres Lebens, in denen Sie glücklich waren, voller Lebensfreude, glücklich und zufrieden. Was hat Ihnen heute Freude gemacht, und was gestern, und in der letzten Woche, und im letzten Jahr. Sie können bis in Ihre Kindheit zurückgehen, wenn Sie möchten. Erleben Sie Ihre Glücksmomente mit allen Sinnen so intensiv, wie Sie es sich vorstellen können. Reihen Sie all die Glücksmomente in Ihrem Leben aneinander wie kostbare Perlen. Vielleicht entdecken Sie dann einen fast unsichtbaren Faden, der diese verschiedenen Glücksperlen verbindet, fast so, als würden Sie in eine bestimmte Richtung gezogen. Achten Sie künftig einfach auf diesen »roten Faden« in Ihrem Leben!

Dies ist übrigens eine wunderbare Übung kurz vor dem Einschlafen, damit sie nach dem Aufwachen nicht vergessen, welche Eigenschaften und Qualitäten Sie in Ihrem Leben ausdrücken möchten. In diesem Sinne wünschen wir Ihnen auf Ihrem Lebensweg bestes Gelingen und eine glückliche Genesung.

Bärbel Rein, Ernst Bergemann

Selbsthilfegruppe Energieentwicklung

Die Medizin im Alten China und Indien

1. Wie bleiben wir körperlich, psychisch, sozial und geistig gesund?
2. Wozu leben, lieben, leiden, lernen, forschen und lehren wir eigentlich?
3. Wie überwinden wir die Angst vor dem Tod?
4. Überlebt unsere Persönlichkeit den Tod unserer Zellen?
5. Wie werden wir selbstbewusst?
6. Welchen Sinn hat unser Leben?

In dem Buch »Illustrierte Geschichte der Medizin« (Andreas & Andreas, Salzburg 1980) wird geschildert, wie sich die heutige Medizin aus der Jahrtausende alten Medizin in China, in Mesopotanien, im Alten Ägypten, in Indien, oder im Iran als Teil der Religion entwickelte. Erst Hippokrates (460-346 v. Chr.), der wie Pythagoras in Ägypten in die Wissenschaft der Priester und Schreiber eingeweiht wurde (294 v. Chr.), begründete in Griechenland die wissenschaftliche Heilkunde. Krankheiten diagnostizierte er durch die Beobachtung und Beschreibung von Krankheitssymptomen. Dennoch blieb die Medizin im Mittelalter noch lange ein Teil der Religion.

Schon Paracelsus (1493-1541) erkannte, dass Krankheiten durch chemische Vorgänge im Körper entstehen und dementsprechend auch durch chemische Mittel geheilt werden können. Aber erst Paul Ehrlich (1854-1915) entdeckte 1910 das Salvarsan zur Behandlung der Syphilis und begründete damit die moderne Chemotherapie. Die stürmische Entwicklung der Naturwissenschaften führte auch in der Medizin zu einer immer stärker werdenden Trennung von der Religion. In der Zellularpathologie von Rudolf Virchow (1858) und der Bakteriologie von Robert Koch (1882) an der Berliner Charité erreichte sie weitere Höhepunkte. Heute scheint der Glaube an die naturwissenschaftliche Medizin an Grenzen zu stoßen und sich selbst zu relativieren.

Trotz großer Fortschritte ist es immer noch nicht möglich, Schmerzen als Hauptsymptom jeder Erkrankung objektiv zu messen. Die Medizin ist auf die subjektiven Angaben der Patienten angewiesen. Ebenso wenig kann Lebensqualität objektiviert werden.

Für die Medizin im Alten China war Krankheit manchmal ein psychisches und soziales Phänomen. Persönliche oder kollektive Misserfolge, Naturkatastrophen, Überschwemmungen oder Kampfniederlagen konnten Krankheiten auslösen. Krankheit konnte im Verständnis der damaligen Zeit ein gesamtgesellschaftlicher Missstand sein. Gesundheit war die völlige Harmonie des Menschen mit seiner Umwelt, der Natur und sich selbst. Diese Sicht bestimmt wesentlich den ganzheitlichen Therapieansatz der traditionellen chinesischen Medizin.

Auch der Körper des Menschen wurde nicht nur materiell gesehen. Die chinesische Medizin ging von der Vorstellung aus, dass sich eine kosmische Energie innerhalb des menschlichen Körpers immaterieller Meridiane als Wege bedient. Ein therapeutisches Vorgehen besteht darin, auf diese Lebensenergie mittels Akupunktur an ausgewählten Punkten Einfluss zu nehmen.

Die Barmer Ersatzkasse veröffentlichte in »Das aktuelle Gesundheitsmagazin« 4/2000 eine Befragung von mehr als 1000 Patienten zur Akupunktur. 70% der Befragten waren akupunktiert worden wegen Schmerzen im Bereich der Wirbelsäule, 30% wegen Migräne und Kopfschmerzen. Insgesamt schätzten 82% die Behandlung als erfolgreich ein. Zu 60% hatte der behandelnde Arzt selbst die Akupunktur empfohlen, weil die »Schulmedizin« nicht den gewünschten Erfolg brachte. Der Bundesausschuss der Ärzte und Krankenkassen befürwortete deshalb am 16.10.2000 eine modellhafte Erprobung der Akupunktur bei Kopf- und Lendenwirbelschmerzen sowie bei Osteoarthritis.

Die alte chinesische Medizin basierte auf der Polarität von Yin und Yan. Alles lebt durch Polarität. Intuitiv erkannte man dieselben Gesetzmäßigkeiten wie wir heute mit den Wissenschaften: Ein Atom ist nur stabil bei positiver und negativer Kernladung. Die Zentrifugal- und Zentripetalkraft hält unser Sonnensystem im Gleichgewicht. Neues Leben ensteht durch die Vereinigung von weiblichen und männlichen Zellen. Der Blutdruck reguliert sich durch Sympathikus und Parasympathikus. Auch wir Menschen entwickeln uns im Wechsel von Licht und Finsternis, Tag und Nacht, Bewegung und Ruhe, Wachen und Schlafen, Freude und Trauer, Lust und Schmerz, Gesundheit und Krankheit, Leben und Tod.

Vielleicht können wir auch das von den alten Chinesen lernen: Leben und Tod gehören untrennbar zusammen. Eine Medizin, die immer nur heilen will und den unheilbaren Patienten als wertlos für »Forschung und Lehre« ansieht, entwertet ethisch sich selbst.

Der Tod ist kein »Berufsversagen«, sondern ein Naturgesetz.

Auch die pythagoreische Medizin im Alten Griechenland definierte Gesundheit als Harmonie zwischen Körper, Seele und der ganzen Welt. »Einzutauchen in den Klang der Sphären«, den »Tanz des Kosmos« in sich zu fühlen, bis der Körper mitschwingt. Das wäre Gesundheit und alle Krankheiten nur die Störung dieser Harmonie (17).

Yin und Yan

Das chinisische Prinzip der Dualität im Leben ist das Yin und Yan–Prinzip. Es sind zwei Gegenkräfte, die aber im steten Fluss sind und ohne einander nicht existieren können. Sie bedingen sich gegenseitig, ergänzen sich und gleichen sich aus und jeder Teil beinhaltet auch den anderen.

Yin : weiblich, dunkel, Mond, empfangend, von der Erde kommend,
in Richtung Himmel (Meridiane von den Füßen kommend in Richtung Oberkörper und von da aus in die Fingerspitzen)

Yan: männlich, hell, Sonne, gebend, bringen Energie vom Himmel zur Erde (Meridiane von den Fingerspitzen zum Kopf und von dort zu den Füßen)

Alle Meridiane zusammen ergeben einen Zyklus oder einen Kreislauf. Der Energiefluss kann verstärkt werden, indem man die Meridiane in Flussrichtung entlangfährt, oder die Anfangs- oder Endpunkte aktiviert. Zusätzlich befinden sich Referenzpunkte zu anderen Meridianen, Organen, Körperfunktionen (z. B. Entgiftung) auf den einzelnen Meridianen. (neurolymphatische Zonen, neurovaskuläre Punkte).

Blockaden in den einzelnen Meridianen selbst können das Fließen der elektromagnetischen Energie behindern. Somit steht uns nicht das volle Energiepotiential zur Verfügung. Bei großen Blockaden fallen uns Aktivitäten schwer und jede Anforderung wird zur Überforderung. Mit Techniken aus dem TfH können diese Blockaden aufgedeckt und gelöst werden. Wir können damit kurzfristig den Energiefluss aktivieren.

Die Massage der neurolymhpatischen Zonen oder Punkte aktiviert den Lymphfluss, was einen direkten Einfluss auf den Muskeltonus hat. Die Lymphflüssigkeit versorgt die Zellen mit Eiweiß, Hormonen und Fett und funktioniert gleichzeitig als Ableitungs- und Reinigungskanal. Durch Stimulierung der neurovaskulären Punkte wird die Durchblutung von spezifischen Muskeln und Organen angeregt. Akupressurpunkte liegen auf den Meridianen und dienen dazu, den Meridian zu aktivieren oder auch um ihn zu beruhigen. Die Meridianmassage bringt eine Stärkung des entsprechenden Muskels, wenn man den Meridian vom Anfangs- bis zum Endpunkt massiert.

Energieentwicklung – Kinesiologie (griech.: kinesis = Bewegung, logos = Lehre)

Die Kinesiologie ist eine junge Wissenschaft, die etwa seit 30 Jahren existiert. Sie wird in der Pädagogik, in der Medizin und im sportlichen Bereichen angewandt. Hier wird das Wissen um die Zusammenhänge von Muskeln, Organen, Meridianen, Emotionen, Ernährung und weiteres mehr zur Gesundheitsverbesserung und Krankheitsvorbeugung genutzt.

Dr. Georg Goodheart, ein amerikanischer Chiropraktiker entwickelte die »Angewandte Kinesiologie (AK)«. Das ist eine Methode zum sondieren und korrigieren des energetischen Zustandes des menschlichen Organismus. Er beobachtete, dass sich physische und psychische Vorgänge auch im Funktionszustand der Muskeln widerspiegeln und entwickelte ein einfaches Verfahren mit dem sich diese Funktionen erfassen lassen, den Muskeltest. Mit dem Muskeltest können Ungleichgewichte des Körpers ausbalanciert werden. Dies geschieht über Reflexpunkte und Reflexzonen des neurolymphatischen und neurovaskulären Systems (Lymphsystem und Blutsystem).

Goodheart entdeckte auch die Verbindung zwischen den Muskeln und den Akupunkturpunkten, sowie dem Meridiansystem. Mit seinem engsten Mitarbeiter Dr. John Thie entwickelte er kinesiologische Techniken, die er »Touch for Health« nannte. Dieses baut auf dem Wissen über das Akupunktur- Meridiansystem auf, das bereits ca. 25 v. Chr. von den Chinesen entwickelt wurde.

Sie erkannten, dass eine Krankheit dann entsteht, wenn Lebensenergie, die sie Chi nennen, die Inder nennen diese Energie Prana, nicht frei durch unseren Körper fließen kann. Lange Zeit wurde das Akupunktur-Meridiansystem nicht anerkannt, da man es nicht sehen, nur daran glauben konnte. Doch mit neuesten Techniken – mit elektronischen und thermischen und auch durch radioaktive Proben kann man dieses System sichtbar machen.

Ist der Meridianfluss an irgend einer Stelle unterbrochen, durch Blockaden irgendwelcher Art, so kann die elektromagnetische Energie nicht mehr frei fließen und uns steht nicht mehr unser volles Engergiepotential zur Verfügung. Ist das der Fall, so werden wir mit den Anforderungen des Lebens schlecht fertig, jede Aktivität fällt uns schwer, jede Anforderung wird zur Überforderung. Durch Massage der neurolymphatischen Zonen und der neurovaskulären Punkte und durch verschiedene Bewegungsspiele aktivieren wird den Lymphfluss, was einen direkten Einfluss auf den Muskeltonus hat. Die Lymphflüssigkeit versorgt die Zellen mit Eiweiß, Hormonen und Fett und funktioniert gleichzeitig als Ableitungs- und Reinigungskanal.

Dr. Paul Dennison entwickelte vor ca. 20 Jahren einen anderen Zweig der Kinesiologie, nämlich die Edu-Kinesthetik. (EDU-K). Edu steht für das Wort »educare«, das soviel bedeutet wie lehren, ausbilden, erziehen. Edu-K baut auf den Grundlagen der AK (Angewandten Kinesiologie), und den Erkenntnissen aus der Gehirnforschung, speziell der Legasthenieforschung auf. Das Motto von Edu-K heißt »Bewegung ist das Tor zum Lernen«. Mit bestimmten Bewegungsübungen und der Neustrukturierung von Bewegungen können ungenutzte Potentiale erschlossen werden. Den praktischen Selbsthilfeteil nannte Paul Dennison »Brain-Gym®«.

Einfache Bewegungsabfolgen fördern die Integration der drei Dimensionen des Gehirns, aktivieren die Körpersysteme, verteilen die Energie neu und verbessern das Atmungs- und Raumbewusstsein und erleichtern damit Lernvorgänge jeder Art.

Die drei Dimensionen des Gehirns: Lateralität – die bilaterale Integration wird gefördert, d. h. die Zusammenarbeit der rechten und der linken Gehirnhälfte, sowie der rechten und linken Körperseite, führt zu einer guten Gesamtkoordination. Fokussieren – die Hinter- und Vorderhirn-Zusammenarbeit wird gefördert. Auch die Zusammenarbeit des Körpers, wenn man sich die Beteilungungsmittellinie (= eine gedachte, senkrechte, die Körpermitte von der Seite aus betrachet, durchlaufende Linie) in jeder Richtung überqueren kann. Hohe Reaktionsgeschwindigkeit und Entscheidungskraft sind die Folge. Zentrieren – die Fähigkeit, die Trennungslinie zwischen der oberen und der unteren Körperhälfte und des oberen und unteren Gehirns zu kreuzen.

Die Zusammenarbeit zwischen dem lymbischen System und dem Großhirn wird gefördert. (Emotionen und abstraktes Denken). Die Unfähigkeit zentriert zu sein oder zu bleiben, äußert sich in irrationalen Ängsten, unmotiviertem Kampf- oder Fluchtverhalten oder im Unvermögen Emotionen zu fühlen und auszudrücken.

Durch die einfachen Körperübungen, die ich in meinen Kursen durchführe, wird das Energieniveau gehoben, also werden wir mit den Anforderungen im Leben besser fertig.

Im Energieentwicklungs-Programm werden mit gezielten Atem-Körper- und Bewusstseinsübungen Engergieblockaden aufgespürt, Disharmonien ausgeglichen und die Selbstheilungskräfte des Körpers aktiviert.

Wir lernen wieder, auf unseren Körper zu hören und uns wertzuschätzen, denn jeder für sich ist das Wichtigste im Leben.

Den Patienten werden »Werkzeuge« in die Hand gegeben. Jeder sucht sich das für ihn passende Werkzeug heraus. Dabei entwickelt er Fähigkeiten und Stärken, die zur Selbstachtung führen. Aus eigener Kraft lernt er, das Leben mit allen seinen Herausforderungen und Prüfungen anzunehmen.

Eines dieser Werkzeuge ist der Atem. Er ist das wichtigste Bindeglied zwischen der Außen- und der Innenwelt. Mit bewussten Atemtechniken und Atemmeditationen lassen sich Atempotentiale entfalten und schließlich gezielt lenken, um eine bessere Durchblutung aller Organe, aller Muskeln und Körperzellen und natürlich des Gehirns zu erreichen.

Als nächster Punkt auf meinem Programm steht Bodyflow oder Bewegungen aus der Stille, fließend, ineinander gehend, von innen nach ausßen. Sie fördern das Loslassen, die Spontanität und die Kreativität und dienen zur Auflösung von Spannungen und Blockaden und zum Wohlbefin-den von Körper, Geist und Seele. (Aktive Meditation)

Ein weiteres »Werkzeug« in meinem Programm sind die Fünf »Tibeter«®.

Das sind fünf yogaähnliche aktive Körperübungen, die jeden Muskel, jede Sehne, ja jede Zelle unseres Körpers aktivieren und gleichzeitig jedes Organ »massieren«. Durch diese Übungen wird der Energiefluss über das Meridiansystem angeregt und die endokrinen Drüsen und deren Hormonfunktion beginnen sich auszugleichen. Wir fühlen uns dadurch frischer, gesünder, freier und können »Berge versetzen«.

Ein weiterer Punkt meines Programms ist das Mentaltraining. Hier versuchen wir uns erst einmal unsere Gedanken bewusst zu machen. Wir versuchen uns positiv zu motivieren und zu programmieren mit Hilfe von Affirmationen. Wir verändern keine Tatsachen, aber ihre Einstellung dazu. Positives Denken führt zu positiven Ergebnissen, das weiss jeder.

Blockaden treten durch ständige Negativprogrammierungen auf. Durch »geistige Gesetze«, Imagination und Affirmation fördern wir unser Kraftpotential und erleichtern so unsere Zielsetzung. Stress ist nicht das was mir geschieht, sondern wie ich darauf reagiere.

Durch positives Denken wurden sogar schon Krankheiten geheilt.

Wir fördern auf alle Fälle den Selbstheilungsprozess des Körpers – unterstützen ihn, anstatt zu sabotieren. Die Macht des Geistes ist enorm.

Ich verspreche in meinem Programm nichts, außer dass Sie sich wohler fühlen als vorher, aber vor allem zeige ich einen Weg auf. Einen Weg zu Ihrem »inneren Selbst«. Einen Weg zu Ihrer »Stärke«, denn jeder Mensch ist stärker als zwei Atomkraftwerke zusammen. Wir müssen das nur erkennen. Wir dürfen jetzt wieder zu uns zurückfinden – zu unserem Herzen: Jeder Kampf ist negativ. Liebe und Herzenswärme bringen uns weiter – viel weiter als wir jemals gedacht hätten. Tatsachen und Gegebenheiten sind da, wir können sie nicht verändern, doch wenn wir daraus gelernt haben, können wir sie verabschieden und in Liebe ziehen lassen. Loslassen. Ohne negative Gedanken, ohne Hass, ohne Furcht – wir können sie ziehen lassen, denn wir brauchen sie nicht mehr.

Wir sind offener, bewusster, wir gehen von nun an anders mit uns und mit unserem Körper um. Das ist von entscheidender Bedeutung. Niemand kann mir dabei helfen, denn ich allein weiß, was für meinen Körper gut ist. Hört hin, öffnet Eure Sinne, lauscht! Ihr werdet Antwort bekommen. Unterstützt werdet Ihr vom Onkologischen Patienten Seminar.

Literatur

(1) Dr. Paul E. Dennison u. Gail E.Dennison, Brain-Gym Lehrerhandbuch
(2) Elisabeth Andrews, Muskel Coaching
(3) Frank Mahony, Hyperton X
(4) Dr. John F.Thie, Touch for Health
(5) Dr. med. Dietrich Klinghardt, Lehrbuch der Psycho-Kinesiologie
(6) Doc Childre. Die Herzintelligenz Methode
(7) Bruce Dewe, Joan Dewe, Frei von Stress
(8) F. Batmanghelidj, Wasser – die gesunde Lösung
(9) Janet Goodrich, Natürlich besser sehen
(10) Peter Kelder, Die Fünf »Tibeter«®
(11) Maruscha Magyaros, Intelligenz des Herzens durch die Fünf »Tibeter«®
(12) Arnold Lanz Fitness und Entspannung mit den Fünf »Tibetern«®
(13) Maria Sorel, Mit der Silva Mind Methode zu mehr Entspannung, Gesundheit und Lebensglück
(14) Prof. Dr. Kurt Tepperwein, Die Geistigen Gesetze
(15) Franz Decker, Mind Fitness
(16) Prof. Dr. Kurt Tepperwein, Mental-Training für Fortgeschrittene
(17) Dr. Dr. Eugen Drewermann, »Krankheit und Kränkung«, Verlag Onkologisches Patientenseminar, 1996

Kirsten Deppendorf

Diplom-Psychologin, Selbsthilfegruppe Sarkome

Was ist ein Sarkom?

Sarkome werden klassifiziert nach dem Gewebe, aus dem sie sich entwickelt haben. So unterscheidet man Sarkome des Bindegewebes (Fibrosarkome), des Fett- (Liposarkome) und Muskelgewebes (Myosarkome) sowie Sarkome, die vom Knochen- bzw. Knorpelgewebe ausgehen (z.B. Osteosarkome, Ewing-Sarkome, Chondrosarkome). Es handelt sich histologisch um sehr verschiedene bösartige Tumore mit unterschiedlicher Prognose. Sarkome sind im Vergleich zu anderen bösartigen Erkrankungen selten. Die Geschlechts- und Altersverteilung ist abhängig von der jeweiligen Tumorart. Bestimmte Sarkome, wie z.B. das Osteosarkom und das Ewing-Sarkom, treten vor allem im Kindes- und jungen Erwachsenenalter auf. Sarkome können u.a. im Becken, in den Beinen und Armen, im Rumpf- sowie im Kopf- und Halsbereich auftreten. Sie neigen zu einer frühen Metastasierung, so dass nicht selten bereits bei Erstdiagnose auch Metastasen festgestellt werden.

Die Therapie kann sehr aufwendige Operationen (u.a. Knochen- bzw. Gelenkersatz, Umkehrplastiken, Amputationen) sowie strahlen- und/oder chemotherapeutische Behandlungen umfassen. Bei manchen Patienten ist der Tumor nicht vollständig entfern- bzw. zerstörbar, so dass die Krebserkrankung zu einer chronischen Erkrankung wird. Die Heilungschancen bzw. die Überlebenszeit sind u.a. abhängig von einer frühzeitigen Diagnosestellung und Behandlung. Durch Fortschritte in den Therapiemöglichkeiten sind die Chancen deutlich verbessert worden. **Was kann eine Sarkomerkrankung für den Patienten bedeuten?**

Wie andere Krebspatienten auch, werden Sarkompatienten vor allem mit ihrer eigenen Sterblichkeit und Verletzbarkeit sowie mit angstmachenden diagnostischen und therapeutischen Maßnahmen konfrontiert.

Neben den strahlen- und chemotherapeutischen Nebenwirkungen (Übelkeit, Haarausfall, Entzündungen etc.) stellen die weitgreifenden operativen Eingriffe eine besondere Belastung dar. Sie verletzen die körperliche Integrität und verändern die Körperwahrnehmung des Patienten. Die Eingriffe machen häufig eine lange Rehabilitationsphase erforderlich und können chronische Schmerzen und Beschwerden sowie eine überdauernde Behinderung nach sich ziehen. Nicht selten leiden die Patienten unter Selbstwertproblemen, Ängsten und Depressionen.

Darüber hinaus ist die soziale und berufliche Einbindung und Zukunft der Patienten gefährdet. Auch die Familien, insbesondere die Lebenspartner, sind betroffen. Es können einschneidende Veränderungen in gemeinsamen Lebensbereichen eintreten, wie z.B. in der Sexualität, Familienplanung, Haushaltsführung und Freizeitgestaltung, die wiederum das Familienleben belasten. Angesichts der großen Belastungen und Veränderungen, die auf den Patienten (und seine Familie) zukommen, wird die Bedeutung einer unterstützenden und aktivierenden Begleitung der Betroffenen deutlich. Mitpatienten können dabei eine besondere Rolle spielen, u.a. weil die gemeinsame Erkrankung meist eine besondere Verbundenheit unter den Betroffenen schafft, die die Grundlage für eine hilfreiche Auseinandersetzung mit der Erkrankung bilden kann. Meine eigenen Erfahrungen als Sarkompatientin bestärken mich in dem Wunsch, eine Selbsthilfegruppe ins Leben zu rufen, die den Betroffenen Raum bietet, sich zu begegnen, ihre Erfahrungen und Informationen auszutauschen und sich mit bestimmten Themen auseinander zu setzen, um hilfreiche Anregungen für den Umgang mit der Erkrankung, mit sich selbst und der sozialen Umwelt zu bekommen.

Ich möchte daran mitwirken, dass Krebspatienten erleben, dass sie nicht allein sind oder allein gelassen werden, dass sie keine anonymen Krankheitsfälle, sondern einzigartige Menschen sind und dass sie in der Gruppe Unterstützung empfangen und weitergeben können.

Die regelmäßigen Treffen der Gruppe sind themengeleitet, d.h. ein Thema steht im Mittelpunkt (z.B. Wege der Krankheitsbewältigung, Körperbildveränderungen, Krebs und Sexualität, Entspannungsübungen, Therapiemotivation). Im gemeinsamen Austausch darüber werden die Teilnehmer aktiv, sammeln Informationen, entdecken und erproben neue Lösungswege, lernen etwas über sich und die anderen, erleben Gemeinsamkeiten und Unterschiede, Entlastung und Stärkung. Dabei soll die Gruppe einen schützenden Raum bilden, in dem sich die Betroffenen geborgen fühlen können. Die Themen werden auf die Bedürfnisse der Betroffenen abgestimmt und können auch von ihnen selbst eingebracht und vorbereitet werden. Es soll aber auch Raum und Zeit für freie Themen und Gespräche bleiben.

Ilona Wiesner

Selbsthilfegruppe Musik und Bewegung

Bevor ich auf die Selbsthilfegruppe Musik und Bewegung eingehe, möchte ich mich Ihnen kurz vorstellen. Mein Name ist Ilona Wiesner, ich bin 49 Jahre alt und von Beruf Sportlehrerin. Seit Juli 2000 bin ich im vorzeitigen Ruhestand. Ich erkrankte vor 3 Jahren an einem ausgedehnten Ovarialkarzinom Stadium IV.

Von heute auf morgen wurde ich aus meinem Berufsleben gerissen. In einer Primäroperation wurden bei mir die Eierstöcke und die Gebärmutter entfernt. Nach der ersten Operation erfolgte innerhalb einer Woche eine zweite Operation mit der Entfernung sämtlicher Tumorreste hier im Virchow-Klinikum durch Herrn Prof. Lichtenegger. Ohne sein Können und sein Team würde ich wahrscheinlich nicht mehr am Leben sein.

Eine sechsmonatige Chemotherapie schloss sich an. Im April 1998 traten Knochenmetastasen im Lendenwirbelbereich auf. Ein CT zeigte bereits die Auflösung des Knochens, eine weitere Knochenmetastase fand man am rechten Oberschenkel und am linken Oberarm. Es folgte eine Strahlentherapie mit 33 Bestrahlungen und eine Aredia®-Therapie, die ich noch heute alle 4 Wochen als Infusion erhalte. Im Juni 1999 traten Lymphknotenmetastasen an der Leberpforte auf und wurden mit einer zweiten Chemotherapie in oraler Form über 4 Monate behandelt. Meine Mobilität und Lebensqualität konnte so erhalten bleiben. Trotz der Therapie trat eine Vergrößerung der Lymphknoten auf, und die Leberkapsel war befallen. Das war kurz vor Weihnachten 1999.

Seit Januar 2000 erfolgt eine dritte Chemotherapie (Xeloda®, eine Vorstufe von 5-FU) ebenfalls in oraler Form. Nach 9 Einzelchemotherapien mit Xeloda®, 4 Wochen Therapiepause und etlichen Untersuchungen wurde leider eine Progression festgestellt. Da die Gefahr der Kompression einer Vene im Oberbauch bestand, wurde mir ein Stent in die Vene eingesetzt und die nächste stationäre Chemotherapie verordnet. Zwei Chemotherapien liegen nun auch schon wieder hinter mir. Demnächst geht es mit der Therapie weiter.

Nach der Strahlentherapie 1998 wollte ich mit Gleichgesinnten Sport treiben. Da es außer Wassergymnastik in einem Behindertensportverein keine andere Sportgruppe für mich in meiner Nähe gab, absolvierte ich eine zweimonatige Ausbildung beim Berliner Turnerbund in Schöneberg und erhielt nach erfolgreicher praktischer Prüfung die »P + R Lizenz«, d. h. Prävention und Rehabilitation mit dem Schwerpunkt »Sport in der Krebsnachsorge«. Das war am 1. Dezember 1998.

Bei einem Krebsnachsorgetermin bei Dr. Sehouli entstand dann die Idee einer Bewegungsgruppe im Virchow-Klinikum. Die Initiative ging von Dr. Sehouli aus, und ich stellte das neue Konzept am 25. Februar 1999 bei einer Fortbildungsveranstaltung des Onkologischen Patientenseminars Berlin-Brandenburg e.V. (OPS) im Virchow-Klinikum vor.

Das Projekt »Positive Beeinflussung der Krebserkrankung durch körperliche Bewegung mit Musik« besteht seit dem 2. März 1999. Einmal wöchentlich (mit Ausnahme der Schulferien) findet dieser Kurs am Mittwoch von 17.00 Uhr bis 18.45 Uhr im Virchow Klinikum statt. Mit vier Frauen begann ich die Bewegungsgruppe aufzubauen. Etwa 30 Frauen haben bisher an diesem Trainingsprogramm teilgenommen. Seit einiger Zeit sind es 17 aktive Teilnehmerinnen. Die Gruppenstärke liegt jedoch meist bei 8-10 Frauen.

Bisher nahmen überwiegend Frauen mit Mammakarzinom aber auch mit Ovarialkarzinom an diesem Kurs teil. Einige Frauen, die sich einer stationären Chemotherapie unterziehen mussten, kamen bzw. kommen direkt von der gynäkologischen Station zu mir in die Bewegungsgruppe und gingen bzw. gehen dann wieder zurück auf die Station. An dem Bewegungsprogramm nehmen Frauen teil, die unter einer Chemo- bzw. Strahlentherapie stehen, aber auch berufstätige Frauen in der Krebsnachsorge.

Die Gruppe ist in ihrer Konstellation jeden Mittwoch anders. So muss ich mich stets flexibel der Adressatengruppe gegenüber verhalten (hinsichtlich der psychischen und physischen Konstitution der Teilnehmerinnen). Zu berücksichtigen ist dabei, dass die Frauen vor ihrer Krebserkrankung kaum Sport getrieben haben.

Seit Anfang März können wir nach dem Bewegungstraining einen schönen Raum des Onkologischen Patientenseminars e.V. (OPS.) im Virchow- Klinikum für unsere anschließenden Gespräche nutzten. Nach dem Bewegungsprogramm sitzen wir noch ca. 2 Stunden gemütlich beieinander, essen mitgebrachten Kuchen, tauschen Meinungen aus, berichten aus unserem Leben und helfen uns gegenseitig – machen uns gegenseitig Mut.

Wir lernen aus den Erfahrungen der anderen.

Wir besuchen gemeinsam Fortbildungsveranstaltungen und Krebskongresse, feiern Geburtstage und besuchen Gruppenmitglieder und Patientinnen auf der gynäkologischen Station.

Ich bin der festen Überzeugung, dass durch die regelmäßige Bewegung der Stoffwechsel und die Organe angeregt werden und die Chemo- bzw. Strahlentherapie wesentlich besser vertragen wird, was sich wiederum positiv auf die Lebensqualität auswirkt.

Das Bewegungsangebot wird durchgängig mit Musik durchgeführt. Ich setze gern Musik ein, da sie bewegungsunterstützend ist. Musik ist Rhythmus, Bewegung, Freude und Gesundheit. Musik ist ein leistungssteigerndes Mittel zur Erhöhung der Intensität des Übens, und Musik kann einen starken Aufforderungscharakter für körperliche Bewegungen haben wie z. B. bei der Nonstop- Gymnastik und beim Tanz.

Musik kann auch beruhigend wirken, z. B. bei Visualisierungsübungen, d.h. Entspannungsreisen durch den Körper beim Hören von Meeresrauschen, Vogelgezwitscher oder Geräuschen aus dem australischen Regenwald.

Das Bewegungskonzept habe ich mir selbst ausgedacht, und es orientiert sich an den drei großen Zielen des Sports:

1. Verbesserung der motorischen Eigenschaften und Fertigkeiten
2. Ziele im psychischen Bereich
3. Ziele im sozialen Bereich

Zu den Zielen im körperlichen Bereich:

- Verringerung oder gar Aufhebung von Bewegungseinschränkungen als Folge von Krankheit, Operation und Therapie
- Förderung der allgemeinen Beweglichkeit
- Verbesserung der Lymphmotorik durch zweckgymnastische Übungen

- Belastung des Herz-Kreislaufsystems durch kleine Spiele, schnelles Gehen am Ort oder einfache Tänze
- Verbesserung der allgemeinen Fitness (Ausdauer)
- Verbesserung der Koordinationsfähigkeit
- Entwicklung eines Haltungsgefühls

Zu den Zielen im psychischen Bereich:

- Spaß und Freude an der Bewegung
- Stärkung des Selbstgefühls bzw. Selbstvertrauens in den eigenen Körper
- Bereitschaft neue Bewegungen zu erlernen
- Steigerung des allgemeinen Wohlbefindens durch körperliche Aktivität
- Zurückfinden zur eigenen Weiblichkeit, durch mehr Vertrauen zum Körper und dadurch mehr Selbstbewusstsein

Zu den Zielen im sozialen Bereich:

- soziale Anerkennung erleben
- Aufhebung der Isolation der Betroffenen
- Förderung von Kommunikation und Interaktion
- Erfahrungsaustausch
- psychosoziale Unterstützung durch körperliche Bewegung in einer Gruppe von Gleichbetroffenen (Krankheitsbewältigung bzw. Ablenkung von der Krankheit)

Das Bewegungsangebot richtet sich in erster Linie an Teilnehmerinnen, die sich gerne nach Musik bewegen.

Der Spaß und die Freude an der Bewegung stehen im Vordergrund. Tanzen und Bewegen in der Gruppe stecken zu Bewegungs- und auch Lebensfreude an.

Das vielseitige Bewegungsprogramm beinhaltet zweckgymnastische Übungen zur Verbesserung der Lymphmotorik bei brustoperierten Frauen, kleine Spiele mit alternativen Materialien wie z.B. Frisbeescheiben und Softbällen, Tennisbällen, Luftballons und Tüchern.

Es beinhaltet auch Herz- und Kreislaufbelastung durch schnelles Gehen am Ort mit gymnastischen Übungen und einfachen Schrittkombinationen nach Musik, einfache Folklore-Tänze aus Israel, Ungarn, Griechenland, aus dem Orient und aus Amerika, wie z.B. die sogenannten amerikanischen Mixer.

Auch einfache Modetänze wie Hully Gully, Letkiss, Saturday Night Fever und Madison werden gerne und mit viel Spaß getanzt. Das Erlernen von Tänzen, das Üben und Festigen ist ein wichtiger Bestandteil der Stunde. Insgesamt haben die Teilnehmerinnen ca. 30 Tänze erlernt und führen sie mit großer Begeisterung durch. Neben den festgelegten Schrittkombinationen ist aber auch Platz zur eigenen Improvisation. Am Schluss jeder Stunde wird eine Partner-Rückenmassage mit dem »kleinen Masseur Felix« durchgeführt. Zur weiteren Entspannung und zum Träumen gibt es manchmal auch eine Phantasie- und Märchenreise von Else Müller. Mein Hauptschwerpunkt liegt im Bereich Tanz, da durch die rhythmischen Bewegungen die Muskeln gelockert und der Körper in ausgewogenem Maße belastet wird, ohne dass die Anstrengung selbst besonders empfunden wird.

Tanzen hat nicht nur auf das allgemeine Wohlbefinden einen positiven Effekt, sondern trägt zusätzlich zum seelischen Ausgleich bei und soll darüber hinaus auch die Selbstheilungskräfte anregen. Demnächst wird die gesamte Bewegungsgruppe an einem Tanzsozialtherapeutischen Projekt teilnehmen. Wir freuen uns schon sehr darauf.

Monika Trautmann

Selbsthilfegruppe Brustkrebs

Als man mir sagte, dass ich Brustkrebs habe, fand ich sehr schnell eine Vielzahl von Selbsthilfegruppen, Beratungsstellen und großen Vereinen (Deutsche Krebshilfe e.V.), die Krebskranken Informationen und psychosoziale Hilfen anbieten.

Doch eines störte mich. Es waren Gruppen und Beratungsstellen mit festen Terminen und Öffnungszeiten. Nach ein bis zwei Stunden war meine Sprechzeit vorüber, und die »Krebsexperten« gaben mir das Gefühl, nicht Herrin der eigenen Lage zu sein.

Ich vermisste einfache menschliche Kontakte mit Gleichgesinnten und eine Möglichkeit, mich selbst aktiv beim Kampf gegen die Erkrankung zu beteiligen, in welcher Form auch immer.

In einer Zeitungsanzeige stieß ich auf das OPS. Der Name inspirierte mich sofort: Onkologisches Patientenseminar Berlin-Brandenburg e.V., gegründet von Krebspatienten für Krebspatienten im größten Universitätsklinikum Europas. Schnell wurde ich Mitglied. Heute leite ich die Geschäftsstelle im Virchow-Klinikum, Mittelallee 1.

Was unterscheidet uns von anderen Selbsthilfegruppen und -trägern. Die vielen Menschen, die sich hilfesuchend an uns wenden, haben offensichtlich nicht das Bedürfnis, das während bestimmter Beratungszeiten zu tun. Recht haben sie, denn Informationsbedürfnis, Sorgen, Ängste und Nöte, Lust auf Gespräche, Beisammensein und gemeinsame Arbeit mögen keine festen Sprechzeiten wie in Arztpraxen und Beratungsstellen.

Vor allem an Krebs erkrankte Menschen, die aus dem Erwerbsleben, manchmal auch aus dem Familienleben gerissen werden, fühlen sich ausgeschlossen aus dem sozialen Gefüge unserer Gesellschaft. Gerade diese können ihre Ideen und Fähigkeiten, die sie oft in einem langen Berufs- und Familienleben gesammelt haben, auf die vielfältigste Weise bei uns einbringen.

Für uns ist jeder an Krebs erkrankte Mensch ein »Experte« in Sachen Krebs oder kann es werden.

Das gleiche gilt für Angehörige, die die Erkrankung bei einem engen Familienmitglied miterlebt haben.

Fachinformationen, spezialisiertes Expertenwissen zu Krebsformen, Therapiemöglichkeiten und psychosoziale Hilfen bekommen wir von den Ärzten und den Angehörigen aller Berufsgruppen, die Erfahrung mit der Behandlung von Krebskranken haben. Gemeinsam mit ihnen stellen wir unser Wissen und unsere Fähigkeiten in ehrenamtlicher Arbeit allen Krebspatienten zur Verfügung.

Die Berliner Charité stellt uns für alle Veranstaltungen ihre Infrastruktur zur Verfügung. Das ist für uns eine große Ehre und Verpflichtung. Der Name »Charité«, auf deutsch »Barmherzigkeit«, ist doch kein leerer Wahn. In den neun Jahren unseres Bestehens hat nicht ein Referent ein Honorar für seinen Vortrag verlangt. Es gibt doch noch eine Solidargemeinschaft im Gesundheitswesen.

Doch es geht nicht ganz ohne eine finanzielle Absicherung der Organisationsstruktur. Seit vielen Jahren finanzieren wir uns über Mitgliedsbeiträge und Spendengelder, die zu einem nicht unerheblichen Anteil durch kulturelle und andere Veranstaltungen von Krebspatienten für Krebspatienten verdient werden müssen.

Jeder Bürger, ob er an Krebs erkrankt oder nicht, ist herzlich bei uns willkommen.

Eine Abgrenzung zu den Menschen, die nicht an Krebs erkrankt sind, gibt es bei uns nicht. Jeden von uns kann es einmal treffen.

Auch sehen wir wenig Sinn darin, die Grenzen schulmedizinischer Therapiemöglichkeiten zu beklagen. Die Krebskrankheit ist eine ganzheitliche Erkrankung. Doch dazu gehört ohne »wenn und aber« die heutige Medizin mit allen ihren Stärken und Schwächen. Es wurde schon darauf hingewiesen, dass die Medizin von heute nicht die Medizin von morgen sein kann. Wie jede andere Wissenschaft wird auch sie sich verwandeln. Helfen wir alle mit, dass durch sie in Zukunft nicht nur körperliches, sondern auch psychisches, psychosoziales und geistiges Wohlbefinden vermittelt wird (WHO).

Aber am wichtigsten für die Gesundung ist jedoch ein sinnerfülltes Leben, das mit Freude gelebt wird. Viele Frauen, denen ich in unseren Selbsthilfegruppen zur Krankheitsbewältigung wie z. B. in den Gruppen Musik und Bewegung, Musikpsychologie, Psychoonkologie, Energieentwicklung oder Taiji regelmäßig begegne, gehen mit gemeinsam erlebter Freude nach Hause. Und wenn der Tod uns immer wieder Menschen entreißt, die wir liebten, haben wir auch den Mut und die Kraft, Trauer in Freunde zu verwandeln.

Im OPS gibt es eine Vielzahl von Selbsthilfegruppen, die in der Mehrzahl von Krebspatienten geleitet und gestaltet werden.

Neben Gesprächsgruppen sind es vor allem Bewegungsangebote und kreative Gestaltungen, die uns besonders ansprechen. Und gerade diese werden im Selbsthilfebereich entweder gar nicht oder nur gegen Bezahlung angeboten. Die Vielfalt unserer Angebote zeigt, dass Krebspatienten Selbsthilfe wollen und gestalten können. Denn an Krebs erkrankte Menschen fühlen sich oft von einem Tag zum anderen auf ihre Krankheit reduziert, und da genau ist die Lücke zwischen dem Ende der Therapie und der Gestaltung des Lebens mit der Krankheit.

Zum Schluss möchte ich gern einen kleinen Absatz aus dem Buch »Tour des Lebens« von Lance Armstrong zitieren: »Alles ist möglich. Wenn man Ihnen sagt, dass Sie eine Überlebenschance von 90, 50 oder 1 Prozent haben! Dann müssen Sie an sich selbst glauben, und Sie müssen kämpfen. Mit kämpfen meine ich, sich mit jeder verfügbaren Information zu bewaffnen, eine zweite Meinung, vielleicht sogar eine dritte oder vierte einzuholen. Sie müssen genau darüber Bescheid wissen, was in Ihren Körper eingedrungen ist, und welche Heilungschancen es gibt. Es ist eine wissenschaftlich bewiesene Tatsache, dass besser informierte und selbständig handelnde Patienten auch bessere Chancen haben, langfristig zu überleben.«

Brief an eine Brustkrebspatientin:

»Liebste Freundin, die Nachricht von Deiner Erkrankung hat mir einen Tiefschlag versetzt und unversehens befand ich mich wieder, wie bei meiner Erkrankung, in einer Art Schockzustand. Meine Nervosität nahm unerträgliche Masse an und die Angst hielt mich wieder fest im Griff. Doch war ich jetzt bewusster und verständnisvoller.

Meine eigene Erkrankung liegt schon einige Zeit zurück und ich glaubte, mich ausreichend mit dem Krebs auseinandergesetzt zu haben. Ich erinnerte mich wieder daran, dass jede Berührung mit den Themen Schmerz, Leiden, Sterben und Tod mir Angst machte. Ich war begierig darauf, von »Überlebenstechniken« zu hören, die, am besten ohne mein persönliches Tun, schnell wirksam sind.

Wenn mein Psychotherapeut seelenruhig mir gegenüber in seinem bequemen Sessel saß und davon sprach, dass wir alle sterben müssen, befremdete und erzürnte es mich. Ich fragte mich, wie er als »Gesunder« es wagen könne, so vom Sterben zu reden. Ich war wütend, aber ich blieb und hörte weiter zu.

Heute, nach fast vier Jahren, war ich wieder bei einer Veranstaltung mit dem amerikanischen Radiologen C.O. Simonton. Viel Zeit und harte schmerzliche Arbeit liegen nun hinter mir und ich habe seine Botschaften vom Leben und Sterben auf eine ganz neue Art und Weise aufnehmen können. Ich bin nun sehr froh, dass ich diesen Menschen begegnet bin und ihnen zugehört habe, auch wenn ich am liebsten immer dann weggehört hätte, wenn es um Tod und Sterben ging. Es braucht viel Geduld, Ausdauer, Demut und sanfte Stärke, wie Simonton so schön sagt. Ich bin dem Sterben ein Stück näher gerückt und vermutlich damit auch dem Leben. Es ist eine »innere Gewißheit«, keine leere Worthülse.

Zeitgleich mit Deiner Erkrankung entschloss ich mich, an den Angeboten des OPS teilzunehmen. Und natürlich traf ich sofort auf Frauen mit Brustkrebs, Metastasen, Chemotherapie und Bestrahlung. Ich spürte meine eigene Abwehr und Angst, war aber zur Fühlungnahme bereit. Auch bei den anderen Frauen spürte ich Abwehr, die Abwehr den Frauen gegenüber, bei denen die Krankheit anders verläuft. Auch diese Gefühle müssen verkraftet werden. Es ist so, als bewegte ich mich stunden- und tageweise in einem Meer aus Angst, und ich vermag nicht mehr zu trennen nach meiner eigenen und der der anderen.

In meinem Inneren spüre ich zwei starke, scheinbar gegensätzliche Kräfte, die um die Oberhand ringen. Und ich fühlte für kurze Momente das Bedürfnis, mich der Kraft zu fügen, die mich in den tiefen Abgrund lockte. Ich nahm einfach wahr, was passierte, ohne mich dagegen zu wehren oder mich aus dem vertreiben zu lassen, was mir Angst machte. Und erfreut stellte ich fest, daß diese »bleierne Kraft« mich nicht so stark im Griff hatte, wie ich glaubte.

So entschied ich mich dafür, offen zu bleiben. Inzwischen haben sich sehr herzliche Beziehungen zwischen den Frauen entwickelt. Ich spüre immer stärker meine menschliche Fähigkeit zu Anteilnahme und Mitgefühl. Das tut mir gut, mehr, als ich es jemals für möglich gehalten hatte.

Allmählich begreife ich auch, dass die Auseinandersetzung mit Krankheit, Schmerz, Wut, Angst, Trauer und Tod eine lebenslängliche sein wird und ich möchte gut vorbereitet sein, wenn es denn bei mir soweit ist. Erstaunlich ist, dass meine Angst vor dem Tod sich in dem Masse verringert, wie ich mich ihm neugierig annähere.

Die Frauen in unserer Selbsthilfegruppe Brustkrebs wünschen sich vor allem menschliche Geborgenheit, gegenseitige Unterstützung und Toleranz, ein hohes Mass an Vertrauen und Verständnis füreinander und Hoffnung auf die bessere Bewältigung von Ängsten jeder Art.

Oder einfach nur zu hören, wie andere diesen schweren Schicksalsschlag meistern, bei ungünstigen Prognosen aus dem Überleben von anderen Krebskranken Kraft und Motivation schöpfen, Stärke im Trost finden und geben. Alle Frauen sind stark verunsichert, was Behandlungsmethoden im weitesten Sinne betrifft. Sie wünschen sich einen Austausch zu neuesten medizinischen Erkenntnissen und Unterstützung bei laufenden Therapien. Sie haben Fragen zu Verträglichkeiten, Nebenwirkungen, Langzeitfolgeschäden etc.

Durch die Einbindung des OPS in die Charite haben wir die Möglichkeit, Ärzte aller Fachrichtungen zu uns in die Gruppe einzuladen und in aller Ruhe und Ausführlichkeit über all diese wichtigen Fragen, von denen unser Leben abhängt, zu sprechen. Keine Frage ist dumm oder überflüssig. Gleichzeitig fragen sich die Frauen natürlich, ob es Sinn macht, die Misteltherapie anzuwenden, die Ernährung umzustellen, grünen Tee zu trinken, Berge von Nahrungszusätzen zu schlucken und dergleichen mehr. Fragen über Fragen.

Die Selbsthilfegruppe könnte ein Ort sein, an dem vor allem auch die Frauen willkommen sind, die gerade von ihrer Diagnose erfahren haben oder frisch operiert sind.

Deshalb sollte sie als Gesprächskreis offen bleiben und jeder Frau Anregungen zur Tagesstrukturierung, dem sinnvollen Gestalten von Zeiträumen in endlos scheinenden Behandlungszyklen, der Sinnfrage des Lebens und der Stärkung der Selbstheilungskräfte geben. Neuerkrankte fallen schnell in ein Isolationsloch und benötigen einen Schutzraum, in dem sie wieder so etwas wie »Normalität« unter lebensbedrohlichen Bedingungen erleben wollen. Und viele Frauen fühlen sich unter Betroffenen besser verstanden als in ihrem bisherigen Lebensumfeld.

In dem Buch einer jungen Frau, die ein Jahr nach ihrer Krebsdiagnose verstorben ist, habe ich folgende Sätze gelesen, die mich sehr erheitert haben, so eine Art »schwarzer Humor«, der in das tiefe Tal der Depressionen einzudringen vermag, aber nicht hinauf auf den Gipfel führt.

»Lustige Seiten von Brustkrebs

1. Du lässt dir die Haare kurz schneiden und siehe da, die Frisur steht dir gut. Du nimmst dir vor, nie wieder eine andere zu tragen.
2. Du kannst ohne die geringsten Schuldgefühle so richtig gemein zu den Leuten sein.

Zwei Mittel halfen wirklich: Werfen mit Mauersteinen und reden, reden, reden und reden. Unterschätze niemals die Freundlichkeit von Fremden.

Mach deine Hausaufgaben, mach deine Recherche, sei kein passiver Patient!

Alle Untersuchungen haben ergeben, dass die patzigsten Patienten am besten durchkommen.

Also ließ ich das Frühstücksgeschirr im Ausguss stehen und machte das Radio aus. Traurige Menschen mit unheilbarem Krebs tanzen bestimmt nicht zu den Klängen von Greater London Radio durch die Küche, am allerwenigsten diejenigen traurigen Menschen, die eine aus öffentlichen Mittel finanzierten Putzhilfe brauchen. Keine Schnüffelnase würde die Ansammlung von Schmerzmitteln bemerken, die ich ganz zufällig beim Telefon liegen ließ. Man sagte, ich sähe nicht krank aus; ich verzichtete auf den Hinweis, dass... Man gewährte mir zweimal wöchentlich zwei Stunden aus öffentlichen Mitteln finanzierten Hausputz.

Schließlich, sieben Monate nach der ursprünglichen Diagnose, erfuhr ich,

dass die Krankheit Leber und Lunge erfasst hat. Jäh findet man sich in der trostlos-euphemistischen Welt rein palliativer Betreuung wieder.
Der schicke Kurzhaarschnitt wurde zur Klobürste. Ich schwanke zwischen Heulen, völliger emotionaler Leere gepaart mit physischer Erschöpfung und der Unfähigkeit zu glauben, dass ich dieses Jahr noch sterben werde (mag ich noch so viele Ziele ins Auge gefasst haben). Ich hoffe, dich auch aus dem Grab weiter mit E-Mails versorgen zu können.«

Nun, ich glaube, momentan ist Dir nicht nach Spässen dieser Art zumute.

Wir wissen nicht, welche der Frauen wir in den nächsten Jahren zu betrauern haben, und ob wir selbst es sind, die auf das Mitgefühl und die Anteilnahme anderer Menschen angewiesen sind, seien es nun uns nahestehende Menschen oder Menschen, die wir niemals zuvor gesehen haben.

Nun möchte ich diesen Brief beenden und weiß eigentlich nicht genau, wie. Ich möchte Dir gern etwas von Deinem Leiden abnehmen, weiß aber, dass ich auch da nicht genau weiß, wie, und ob das wirklich in Deinem Sinne wäre.

Ich schließe Deinen gepeinigten Körper fest in meine Arme,

Deine treue Freundin.

P.S. Vor einem Vierteljahr starb ein 19-jähriges Mädchen in unserem Umfeld an Leukämie. Mein Sohn sagte: Das kann jeden von uns treffen. Bei all meiner Selbstbezogenheit hatte ich das völlig aus den Augen verloren.«

»Krebs« geht uns alle an. Jeder, der heute noch nicht an Krebs erkrankt ist, kann morgen auf unser Gesundheitssystem und die Unterstützung anderer Menschen angewiesen sein, so, wie wir Krebskranke es heute schon sind.

Lothar Krohn

Selbsthilfegruppe Leukämie

Die noch im Aufbau sich befindende Selbsthilfegruppe Leukämie wurde innerhalb des Onkologischen Patientenseminars Berlin-Brandenburg e.V. (OPS) im Juni 2000 gegründet. Wir treffen uns jeden dritten Montag im Monat um 19.00 Uhr in der Charité Campus Virchow-Klinikum, Mittelallee 1, in der Geschäftsstelle des Onkologischen Patientenseminars e.V.

Hier soll Leukämiepatienten und ihren Angehörigen die Möglichkeit gegeben werden, sich zu informieren, sich auszutauschen, Wissen über die Krankheit und die damit verbundenen Problemen zu erhalten, letztendlich das Gefühl zu bekommen:

Ich werde verstanden, und es gibt Menschen, die diese kritische Phase in ihrem Leben gemeistert haben.

Ich selbst habe in einer für mich schwierigen Situation, vorausgegangen waren viele Gespräche mit Medizinern, nach Austausch mit »Gleichgesinnten« gesucht. Im OPS habe ich immer sehr viel Verständnis und Einfühlungsvermögen gefunden. Mehrere Mitglieder haben mich während der gesamten Zeit meiner Krankheitsbewältigung aktiv begleitet. Dafür danke ich allen sehr.

Damit bin ich bei meinem Schicksal und der Motivation, eine Leukämiegruppe zu gründen. Der 25. Februar 1993 sollte mein Leben gravierend verändern. Als Ergebnis einer Blutuntersuchung wurde ein 40-facher Leukozytenwert festgestellt. Es folgte die sofortige Vorstellung bei einer Hämatologin mit nochmaliger Blutuntersuchung, Knochenmarkpunktion und dann die niederschmetternde Diagnose: Chronisch Myeloische Leukämie (CML).

»Das war das Todesurteil. Warum gerade ich, was habe ich falsch gemacht?«, diese Gedanken kreisten mir in der Folgezeit durch den Kopf.

Nur eine Knochenmarktransplantation könnte mich wieder gesund werden lassen, wobei der Spender möglichst aus meiner Familie stammen sollte. Diese Untersuchungen verliefen aber leider negativ, und die Enttäuschung war sehr groß. Erst die dann eingeleitete Fremdspendersuche war erfolgreich, ließ mich aber zweifeln und zögern, die Transplantation sofort durchführen zu lassen.

Die inzwischen durch Medikamente und das Lesen einiger Werke von Simonton, Carnegie und Peale erlangte körperliche und psychische Verfassung bestärkten mich in dieser Entscheidung. Wie sagt man das so schön in dieser Situation? Der unbedingte Leidensdruck fehlte.

Das von den Medizinern Vorhergesagte und von mir Verdrängte trat im Frühjahr 1997 ein, die Krankheit kippte, eine Knochenmarktransplantation war unausweichlich. Der für mich schon vor längerer Zeit gefundene Spender war noch immer bereit zu helfen. Danke!

So wird der 9.6.1997, Geburtstag meiner Frau, zum Einlieferungstag auf die Knochenmarkstransplantations (KMT)-Station von Prof. Siegert im Virchow-Klinikum. Obwohl die Voraussetzungen nicht unbedingt die besten gewesen sind, die Krankheit war schon akzeleriert, Fremdspender, mein Alter, sehen sie das Arbeitsergebnis des Teams um Prof. Siegert und Dr. Beyer hier stehen.

Für diese insgesamt sehr gute medizinische und menschliche Betreuung möchte ich mich noch einmal bei allen Mitarbeitern der Station 50 herzlich bedanken.

Zum besonderen emotionalen Höhepunkt wurde für meine Frau und mich der 27. Mai diesen Jahres, denn die Deutsche Knochenmarkspenderdatei (DKMS) lud zur Second Life Party nach Köln ein. Wir bekamen die Gelegenheit, meinen Spender kennenzulernen und dieses Erlebnis wird uns für immer in Erinnerung bleiben. Ohne viele Worte zu verlieren, kann ich sagen, dass wir uns sofort sympathisch waren und weiter in Verbindung stehen. Gerade erst gestern Abend, mein Spender ist wegen eines Kongresses in Berlin, haben wir uns getroffen und bei einer Flasche Rotwein regen Gedankenaustausch betrieben.

Am 5. November wird mein Herz erneut höher schlagen, denn wir werden wieder nach Köln fahren, um die Familie meines Spenders zu besuchen.

Anlass des Besuches: Ich werde Patenonkel, der am 12. Juli geborenen Tochter Sarah.

Es erübrigt sich fast zu erwähnen, dass all das von mir Geschilderte genügend Beweggründe erzeugte, um eine Leukämiegruppe ins Leben zu rufen. Wer, wenn nicht ich, der soviel Gutes erfahren durfte, sollte sonst diese Initiative ergreifen.

Dr. oec. Gerhard Janiszewski

Selbsthilfegruppe Plasmozytom/Multiples Myelom Berlin

Ich wurde informiert, dass ich Plasmozytom habe

Ich bin an Plasmozytom/Multiplem Myelom erkrankt. Der Krebs ist eine unheilbare bösartige Tumorerkrankung von Zellen des Immunsystems, den Plasmazellen. Die Krankheit gehört zu den 20 häufigsten Krebserkrankungen in Deutschland. Ostern 1998: Solidäre Osteolyse im linken Trochanter minor. Ich bin kein Mediziner, also Tumor im Oberschenkel. Dieser Krebs ist noch nicht heilbar!

Operation: Künstliches Hüftgelenk erspart, weil Knochen noch stabil. Robert-Rössle-Klinik: Der Stationsarzt informierte mich über komplizierte Zellprozesse, ich verstand nichts. Die Station meinte, sie hätten da ein Informationsblatt, es kam aber nichts. Krankenhausbibliothek – Krebsbuch – Plasmozytom: Lebenserwartung nur nach Monaten, Buch war schon 10 Jahre alt! Meine Hausärztin sah in ihrem Spezialbuch nach und sagte mir etwa 4 Jahre als Lebenserwartung voraus.

Sozialmedizinischer Dienst Robert-Rössle-Klinik

Dort gab es Unterstützung, u.a. die Information über die Deutsche Leukämie-Hilfe (DLH) in Bonn.

Kontakt zur Deutschen Leukämie-Hilfe Bonn

Während der Anschlussheilbehandlung schrieb ich an die DLH und bekam sofort Kontakt mit Adressen von Plasmozytom – Selbsthilfegruppen (SHG) in Deutschland. Meine SHG ist seit über einem Jahr Mitglied der Deutschen Leukämie-Hilfe in Bonn, und hier leistet Frau Dr. Ulrike Holtkamp eine hervorragende Arbeit, auch bei der Unterstützung unserer SHG.

Kontakt zu anderen SHG in Deutschland

Ich bekam Kontakt mit SHG NRW: Jörg Brosig, lebt seit 10 Jahren mit Plasmozytom, vor 8 Jahren Ganzkörperbestrahlung und viele Chemos, später Tandem-Hochdosis-Stammzelltransplantation – sprüht vor Lebensenergie.

An dieser Stelle tickte es erstmals nach Monaten wieder bei mir, und zwar:

- Du musst noch nicht gleich sterben.
- Es gibt Möglichkeiten, den Krankheitsprozess in die Länge zu schieben.
- Es gibt Behandlungsmethoden, die Hoffnung bringen.
- Und was auch wichtig ist: Deine bzw. diese Erkenntnisse musst du unbedingt auch anderen Patienten mitteilen.

Das war die Initialzündung für meine Selbsthilfegruppenbildung. Auch andere Leiter von SHG z.B. Müller/München oder Natusch/Wiesbaden strahlten hohe fachliche Kompetenz aus. Es handelt sich hierbei um sehr kompetente Patienten. Der Philosoph Karl Jaspers sagte z.B.:

1. »Patienten die sich einmischen, haben mehr Erfolg, mit der Tumorbekämpfung fertig zu werden.«
2. »Der Kranke braucht die Freiheit, die medizinische Ordnung zu durchbrechen und sich selbst zu helfen.«

Diese SHG veranstalten mindestens einmal jährlich Patientenveranstaltungen, wo kompetente Plasmozytomspezialisten, z. B. Dr. Goldschmidt (Heidelberg) oder Dr. Einsele (Tübingen) Vorträge vor Patienten halten und die speziellen Fragen der Patienten beantworten.

Die SHG Plasmozytom Berlin wird 2002 in Zusammenarbeit mit Spezialärzten eine erste Patienteninformationsveranstaltung in Berlin durchführen.

Organisation der SHG-Arbeit in Berlin

1998 gab es in Berlin keine SHG Plasmozytom. Die Leiter der SHG in den alten Bundesländern baten mich um Bildung einer SHG in Berlin. Dies erfolgte Anfang 1999. Ich fühle mich auch für Randgebiete Brandenburg verantwortlich. Großer Zuspruch aus dem Westteil Berlins, Ostteil, insbesondere Einzugsgebiet der Robert-Rössle-Klinik, noch zu gering. Ich habe die Absicht, 2001 in Berlin auch eine bereits o.g. Patienteninformationsveranstaltung zu organisieren und suche Ärzte aus Berlin/Brandenburg, die über das Plasmozytom sprechen. Ich würde mich sehr freuen, wenn ich Rücklauf von Ärzten bekomme, die auf dieser Veranstaltung über das Plasmozytom sprechen möchten.

Ich bin Alleinorganisator – kein eingetragener Verein. Erkrankte rufen an und sind verzweifelt: Sprechen am Telefon, ich bin täglich anrufbar bis 19.00 Uhr. Da ich die gleiche Krankheit habe wie sie, kann ich Auskunft geben. Ich sage Ihnen, dass es viele Möglichkeiten der Behandlung gibt, schicke ihnen Informationsmaterial, wenn sie es wünschen.

Alles sehr verständlich für Patienten geschrieben, alle Details der Krankheit und deren Therapie werden ausführlich dargestellt. Ich betreue über 30 Erkrankte in Berlin und bin täglich telefonisch ansprechbar und versuche alle anstehenden Fragen zu beantworten. Patienten sollen die Möglichkeiten (Varianten) der Behandlung genau kennen lernen, damit sie diese von den Medizinern ggf. einfordern können, natürlich in Absprache mit den Vorschlägen der Ärzte.

Es gibt jedoch immer zwei Seiten der Patienteninformation. Manche wollen genau informiert sein. Manche wünschen dies nicht und vertrauen voll auf ihren Arzt. Finanzielle Mittel (Porto, Papier, Telefon, Fax, Internet, Patronen, Turner etc.) stehen leider nicht zur Verfügung. Patienten schicken Briefmarken und manchmal kleine Spenden, die ich auf einem Konto erfasse.

Am 8.2.2001 trifft sich unsere Berliner Gruppe erstmals hier im OPS. Ich danke dem OPS e.V. für die Gastfreundschaft und den Raum. Bewährt sich diese Veranstaltung, wiederholen wir diese Treffen quartalsweise oder monatsweise.

Unterstützung durch die Deutsche José Carreras Leukämie-Stiftung

Unsere SHG bekam einen Laptop und ein Kopiergerät – vorbildlich!

Veranstaltungen der International Myeloma Foundation

Die internationale Myelom Stiftung organisiert seit Jahren Veranstaltungen für Plasmozytom-Erkrankte. Der letzte Kongress fand im Juni 2000 in Wien statt. Dort nahmen bekannte Wissenschaftler, wie z.B. Dr. Brian Durie aus den USA teil. Die Konferenzberichte werden den Erkrankten in Berlin auf Wunsch zugänglich gemacht.

In der Arbeitsgemeinschaft Plasmozytom/Multiples Myelom deutschsprachiger Länder (APMM) und SHG Plasmozytom in Deutschland haben sich

14 SHG zu einer Arbeitsgemeinschaft (AG) zusammengeschlossen mit dem Ziel, die Arbeit der angeschlossenen Gruppen zu fördern, zu unterstützen und zu koordinieren und gleichzeitig die europäischen Myelom-Aktivitäten zu bündeln (Österreich, Schweiz, Holland, Großbritanien). Wir haben eine Internetseite (www.myelom.de) geschaffen, wo umfassende Informationen über die Selbsthilfegruppen Plasmozytom im deutschsprachigem Raum, über die Erkrankung, über die neuesten Behandlungsmethoden, über Kliniken, Ärzte und vieles mehr zu entnehmen sind.

Die Statistik zeigt: 53% der Anfragen kommen aus Deutschland, aber auch Brasilien, Frankreich und Tschechien.

Die Internetzugriffe verdoppeln sich seit Januar von Monat zu Monat, z.B. März 2000 ca. 1000 Besuche pro Monat mit 10000 abgerufenen Seiten/Monat.

Ein neues Projekt, eine CD-ROM der Internetseite, enthält ca. 150 DIN A4 Seiten Text zum Plasmozytom. Für Patienten, die keinen ständigen Zugang zum Internet haben, ist bei einer Schutzgebühr von 15,- DM der Ausdruck der Internetseite in Form einer Broschüre möglich. Ein Patienteninformationsfilm über das Plasmozytom, die Erkrankung, Behandlung einschließlich autologer Hochdosis-Stammzelltransplantation ist gegen die Schutzgebühr von 20,- DM erhältlich.

Welche Hilfe und Unterstützung brauchen wir?

Freistempelumschläge von den Krankenkassen für Briefe an Patienten (kein Kaffeegeld!). Bezahlung von Rechnungen (Kopierpatronen, Druckerpatronen, Kopierpapier usw.) und Übernahme von Telefonrechnungen auf Antrag sind Dinge, die wir dringend zu unserer Arbeit benötigen.

Anfragen können gestellt werden an die Selbsthilfegruppe Plasmozytom/ Multiples Myelom für Berlin und Randgebiete.

Ansprechpartner: Gerhard Janiszewski,
Raoul-Wallenberg-Straße 6, 12679 Berlin,
Tel. 030 9335265, Fax 030 9335265,
email: Dokjani@aol.com,
Homepage: www.myelom.de

Adressen

1. Selbsthilfe Krebs in Berlin

Arbeitskreis der Pankreatektomierten e.V.
Ansprechpartner: Jürgen Kleeberg
Philipp-Jacob-Rauch-Str. 13, 12559 Berlin
Fon 030 6529758

BKI Brustkrebsinitiative Hilfe zur Brustgesundheit e.V.
Holsteinische Str. 30 im NBH Schöneberg, 12161 Berlin
Fon 030 85995131 oder 030 32602554
Fax 030 32602553
Beratungstelefon: Mo, Do 17–19 Uhr, Mi 11–13 Uhr
Email: brustkrebsini@brustkrebs.net

Deutsche ILCO, Selbsthilfegruppe für Stomaträgern und deren
Angehörigen mit Gruppen in fast allen Berliner Bezirken
Ansprechpartner:
Ulrich Kuban
Ederkopfweg 17, 13583 Berlin
Fon und Fax 030 3728874
Cornelia Wutke
Fon 030 7753642

Diakoniestation Spandau Gesprächskreis krebsoperierter Frauen
Ansprechpartnerin: Brigitte Kupferschmidt
Kinkelstr. 35, 13597 Berlin
Fon 030 353917–11
Fax 030 3335096

Frauenselbsthilfe nach Krebs e.V.
Pfarrhaus, Bäumerplan 25, am Gartentor
Ansprechpartnerin: Eva Thurm
Gontermannstr. 24, 12101 Berlin
Fon 030 7851495

Kinderhilfe – Hilfe für leukämie- und tumorkranke Kinder
Berlin-Brandenburg e.V., Björn Schulz Stiftung
Ansprechpartner: Jürgen Schulz
Stromstr. 47, 10551 Berlin
Fon 030 39899840
Fax 030 39899899

Kreative Selbsthilfegruppe der Nachgehenden
Krankenfürsorge Berlin-Treptow
Treffpunkt: Atelier KunterbunD
Baumschulenstr. 49, 12437 Berlin
Fon 030 5340104

Landesarbeitsgemeinschaft brustoperierter Frauen Nord
Ansprechpartnerin: Luzie Wollina
Septimer Str. 7b, 13407 Berlin
Fon 030 4553203
Treffen: Di 14.30–17 Uhr

Landesverband Berlin-Brandenburg der Kehlkopflosen e.V.
Ansprechpartner: Hugo Schultz/ Dr. Jens-Uwe Kukla
Tübinger Str. 5, 10715 Berlin
Fon 030 85784288 und 030 5440998

Leukämiehilfe Berlin – Informations- und Kontaktstelle
für Leukämie- und Lymphomerkrankungen
Ansprechpartner: Gert Meyer
Westerwaldstr. 1, 13589 Berlin
Fon 030 3788229
Fax 030 3788251
Email: leukaemie-hilfe-berlin@t-online.de

NAKOS – Nationale Kontakt- und Informationsstelle
Albrecht-Achilles-Str. 65, 10709 Berlin
Fon 030 8914019
Fax 030 8934014

Onkologisches Patientenseminar Berlin-Brandenburg e.V.
Selbsthilfeorganisation im Universitätsklinikum Charité,
Campus Virchow-Klinikum, Mittelallee 1
Augustenburger Platz 1, 13353 Berlin
Fon 030 450578316
Fax 030 450578926
Email: monika.trautmann@charite.de
Email: ernst.bergemann@charite.de
www.charite.de/ops/

Mit den Selbsthilfegruppen:
- Energieentwicklung
- Bewegung mit Musik
- Brustkrebs
- Hautkrebs
- Leukämie
- Psychoonkologie
- Musiktherapie
- Heilsamer Umgang mit Trauer
- Sarkom
- Plasmozytom
- Eierstock- und Gebärmutterkrebs
- Malen und Modellieren

Plasmozytom/Multiples Myelom
Ansprechpartner: Dr. Gerhard Janiszewski, Frau Elke Schutkowski
Fon 030 6036335
Raoul-Wallenberg-Str. 6, 12679 Berlin
Fon und Fax 030 93026960
Email: Dokjani@aol.com

SEKIS – Selbsthilfe Kontakt- und Informationsstelle,
Zentrale Unterstützungsinstanz für Selbsthilfe in Berlin
Albrecht-Achilles-Str. 65, 10709 Berlin
Fon 030 8926602
Fax 030 89028540
Email: sekis@sekis-berlin.de

Selbsthilfegruppe Haarzell-Leukämie
Ansprechpartner: Egbert Hinzmann
Buschkrugallee 231, 12359 Berlin
Fon 030 6014912

SHG Prostatakrebs Berlin-Brandenburg
Ansprechpartner: Rüdiger Stuckart
Fon 030 6117428
Treffpunkt: einmal im Monat bei im Krankenhaus am Urban
Dieffenbachstr. 1, 10976 Berlin
Den nächsten Termin erfahren Sie über
Fon 030 450578316

Selbsthilfe Gruppe Krebs
bei SEKIS, Raum 001
Albrecht-Achilles-Str. 65, 10709 Berlin
Ansprechpartnerin: Marina Schnurre
Fon 030 8035347
Fax 030 39764145

Selbsthilfegruppe für krebskranke Frauen
Kaiser-Friedrich-Straße 9, 10585 Berlin
Ansprechpartnerinnen:
Dorothea Hammerbacher
Fon 030 3427663
Heiselore Timm
Fon 030 3425862

Selbsthilfegruppe jüngerer berufstätiger brustamputierter Frauen Berlin
Ansprechpartnerin: Tina Fritsch
Sodener Str, 24, 14197 Berlin-Wilmersdorf
Fon 030 8235176

Selbsthilfegruppe Krebs im Wedding
»Haus der Gesundheit«, Raum 107/108
Reinickendorfer Str. 60 a, 13347 Berlin
Fon 030 45756129

Selbsthilfegruppe Sarkome
Dipl. Psych. Kirsten Deppendorf
Fischerstrasse 7, 13597 Berlin
Fon 030 13338280
Email: k.deppendorf@web.de

2. Gruppen in Selbsthilfezentren

ALBATROS e.V. im Gesindehaus
Alt-Buch 51, 13125 Berlin-Pankow
Selbsthilfe Leben mit Krebs
Fon 030 9415426/27
Selbsthilfegruppe Krebs im Frauentreff Amalienpark
Breitestr. 2, 13187 Berlin
Fon 030 47533918

Eigen-Initiative, Selbsthilfe-Zentrum Köpenick/Treptow
Selbsthilfe Krebs – Reden gegen Angst
Fennstr. 31, 12439 Berlin
Ansprechpartnerin: Helga Raß
Fon 030 6310985
Fax 030 6310985
Klub 74 im Nachbarschaftszentrum Hellersdorf e.V.
SH-Gruppe für Menschen nach einer Krebserkrankung
Am Baltenring 74, 12619 Berlin
Ansprechpartnerin: Jana Ratzka
Fon 030 5630993

Kulturverein Prenzlauer Berg e.V. »Schwertlilie/Sonnentau«
Selbsthilfegruppe für krebskranke Menschen
Ansprechpartnerinnen:
Rosemarie Windelboot
Fon 030 4638479
Dr. Elfriede Lewerenz
Fon 030 2750736
Treffen jeden 2. und 4. Mittwoch im Monat 16.00–18.00 Uhr
im Fuchsbau, Dunckerstr. 77, 10437 Berlin
Fon 030 4452321

Nachbarschaftsheim Mittelhof
Selbsthilfe-Gruppe Krebs
Musiktherapie bei Krebs
Königstr. 42/43, 14163 Berlin
Fon 030 8023253

Nachbarschafts- und Selbsthilfe-Gruppe »Altes Waschhaus«
Thermometer Siedlung e.V.
Treffen im Nachbarschaftscafé
Celsiusstr. 60, 12207 Berlin-Steglitz
Fon 030 7123330

Selbsthilfegruppe Britz-Süd
in der Krebsberatungsstelle Britz-Süd
Gutschmidtstr. 65, 12359 Berlin
Anprechpartnerin: Ursula Müller
Fon 030 6065874

Selbsthilfe-Gruppe Krebskranker REGENBOGEN
Nachbarschaftsheim Domino e.V.
Hefnersteig 1, 13629 Berlin
Fon 030 3824030 (Domino)

Selbsthilfe-Gruppe Krebskranker
in der evang. Familienbildungsstätte
Spießweg 7–9, 13437 Berlin
Ansprechpartner:
Christian Weiner
Fon 033056 94446
Ingrid Mrose
Fon 030 40100594

Selbsthilfekontakt- und Beratungsstelle Tiergarten, StadtRand GmbH
Selbsthilfe für krebskranke Frauen
Wilsnackerstr. 41, 10559 Berlin
Fon 030 3946364
Fax 030 3946485

Selbsthilfetreff im Kulturhaus Spandau »Mauerritze«
Mauerstr. 6, 13597 Berlin
Gruppe für Krebspatienten Ileostoma
Diana – SHG Krebskranke u. Angehörige
Fon 030 3335026
Fax 030 3336043

Selbsthilfetreffpunkt im Nachbarschaftsheim Schöneberg e.V.
Mammitu 1 und Mammitu 2
Selbsthilfegruppen Brusttumor operierter Frauen
Holsteinische Straße 30, 12161 Berlin
Fon 030 8599530/33
Fax 030 8593367
Email:Selbsthilfe@Nachbarschaftsheim-Schoeneberg.de

Selbsthilfetreffpunkt Friedrichshain
»Sprich mit mir, damit ich mich fühle«, Frauen nach Krebs
Bewegung und Begegnung (Krebsgruppe)
Hodenkrebs-Beratung
Boxhagener Str. 62a, 10245 Berlin
Fon 030 2918348
Fax 030 298348

Selbsthilfezentrum Märkisches Viertel
»Leben mit Krebs«
ILCO – künstlicher Darmausgang
Brustoperierte Frauen
Eichhorster Weg 32, 13435 Berlin
Fon 030 4032591
Fon 030 4157604

Selbsthilfezentrum Lipschitzallee
Selbsthilfegruppe für Frauen nach einer Brustkrebsoperation
Ansprechpartnerin: Regina Feuerhorst
Lipschitzallee 80, 12353 Berlin
Fon 030 6056600

Synapse – Selbsthilfekontaktstelle Lichtenberg
Rummelsburger Straße 13, 10315 Berlin
Fon 030 5138888

Selbsthilfe-Zentrum Neukölln-Rixdorf,
Gesprächsgruppe für Krebserkrankte
Hertzbergstr. 22, 12055 Berlin
Fon 030 6816064

Wuhlgarten e.V. Selbsthilfekontaktstelle
Helene-Weigel Platz 10, 12681 Berlin
Fon 030 5425103
Fax 030 5406885

Frei-Zeit-Haus e.V.,
Selbsthilfekontaktstelle Hohenschönhausen-Weißensee
Leben mit Krebs, Selbsthilfegruppe für Frauen
Ahrenshooper Str. 5 (ehem. Kita), 13051 Berlin
Fon 030 9621033

3. Beratungsstellen

Akademie für Mammadiagnostik und -therapie e.V.
Strahlenklinik und Poliklinik
Augustenburger Platz 1, 13353 Berlin
Fon 030 450570001
Fax 030 450570901
Email: mamma.akademie@charite.de

Behinderten-Sportverband Berlin e. V.
Hans-Braun-Straße, Friesenhaus 1, 14053 Berlin
Fon 030 30099675
Fax 030 30099674

Berliner Krebsgesellschaft e. V.
Robert-Koch-Platz 7, 10115 Berlin
Fon 030 2832400
Fax 030 2824136

Brandenburgische Krebsgesellschaft e.V.
Charlottenstr. 57, 14467 Potsdam
Fon 0331 8170600
Fax 0331 8170601

Deutsche Krebshilfe e.V.
Thomas-Mann-Str.40, 53111 Bonn
Fon 0228 729900

Gesellschaft für biologische Krebsabwehr e.V.
Arbeitskreis Berlin
Münstersche Str. 7a, 10709 Berlin
Fon 030 3425041

Home Care Berlin e.V.
Ambulante Versorgung von Palliativpatienten
Spenerstr. 31, 10557 Berlin
Fon 030 4534348

Hospizbüro
Beratung zu ambulanten und stationären Hospizdiensten, Sterbebegleitung und Trauerbewältigung
Eichhorster Weg 32, 13435 Berlin
Fon 030 40711113
Fax 030 40711115

KID – Telefonischer Krebsinformationsdienst
Im Neuenheimer Feld 280, 69120 Heidelberg
Fon 06221 410121

Landesarbeitsgemeinschaft Hospiz Berlin
Am Nordgraben 1, 13509 Berlin
Fon 030 41202875
Fax 030 41202876

LAGO - Landesarbeitsgemeinschaft
Onkologische Versorgung Brandenburg e.V.
Mangerstr. 42, 14467 Potsdam
Fon 0331 2707172
Fax 0331 2707171

Landessportbund Berlin
Jesse-Owens-Allee 2, 14053 Berlin
Fon 030 300020
Fax 030 30002107

NOGGO – Nordostdeutsche Gesellschaft für gynäkologische Onkologie
Campus Virchow-Klinikum,Frauenklinik,
Augustenburger Platz 1, 13353 Berlin
Fon 030 450564142
Fax 030 450564904
Email: ingrid.puchalski@charite.de

Psychosoziale Beratungsstelle für Krebskranke
und Angehörige Selbsthilfe Krebs e.V.
Albrecht-Achilles-Str. 65, 10709 Berlin
Beratungstelefon für Betroffene: 030 89409040
Angehörigentelefon: 030 89409042
Krebs-Krisen-Telefon: 030 89409041

4. Beratungsstellen in den Berliner Bezirksämtern

Charlottenburg:
Beratungsstelle für Behinderte und Krebskranke
Otto-Suhr-Allee 100, 10585 Berlin
Fon 030 34302382

Wilmersdorf:
Beratungsstelle für Menschen ab 60 J.,
Behinderte, Krebskranke und Chronischkranke
Sigmaringer Str. 1, 10713 Berlin
Fon 030 86412504

Friedrichshain:
Beratungsstelle für Behinderte/Nachgehende Krankenfürsorge
Frankfurter Allee 35/37, 10247 Berlin
Fon 030 23242368

Kreuzberg:
Beratungsstelle für Krebskranke
Urbanstr. 24, 10967 Berlin
Fon 030 25884457

Lichtenberg:
Beratungsstelle für Behinderte und Krebskranke
Franz-Jacob-Str. 10, 10369 Berlin
Fon 030 55045123/24

Hohenschönhausen:
Beratungsstelle für Behinderte/Nachgehende Krankenfürsorge
Matenzeile 26, 13053 Berlin
Fon 030 98207542

Marzahn:
Beratungsstelle für Behinderte/Nachgehende Krankenfürsorge
Premnitzer Str. 11–13, 12681 Berlin
Fon 030 54072350/51

Hellersdorf:
Beratungsstelle für Behinderte/Nachgehende Krankenfürsorge
Etkar-André-Str. 8, 12619 Berlin
Fon 030 99203773

Mitte:
Beratungsstelle für Behinderte, Krebskranke und Chronischkranke
Luisenstr. 45, 10117 Berlin
Fon 030 24702909

Tiergarten:
Beratungsstelle für Behinderte und Krebskranke
Turmstr. 22, 10559 Berlin
Fon 030 39053260

Wedding:
Beratungsstelle für Behinderte und Krebskranke
Reinickendorfer Str. 60A, 13347 Berlin
Fon 030 45756123/24

Neukölln:
Beratungsstelle für Behinderte und Krebskranke
Gutschmidtstr 27–29 und Falkstr. 27, 12359 Berlin
Fon 030 68091216 und 030 68092077

Pankow:
Beratungsstelle für Behinderte/Nachgehende Krankenfürsorge
Grunowstr. 8–11, 13187 Berlin
fon 030 48832813

Prenzlauer Berg:
Beratungsstelle für Behinderte/Nachgehende Krankenfürsorge
Prenzlauer Allee 90, 10409 Berlin
Fon 030 42404753

Weißensee:
Beratungsstelle für Behinderte, Krebskranke und Chronischkranke
Berliner Allee 252, 13088 Berlin
Fon 030 96792927 und 030 96791325

Reinickendorf:
Beratungsstelle für Behinderte und Krebskranke
Teichstr. 65, Haus 4, 13407 Berlin
Fon 030 41925188/86

Spandau:
Beratungsstelle für Behinderte und Krebskranke
Melanchthonstr. 8, 13595 Berlin
Fon 030 36997628

Steglitz:
Beratungsstelle für Krebs- und AIDS-Kranke
Schloßstr. 80, 12154 Berlin
Fon 030 63212452 und 030 63215127

Zehlendorf:
Beratungsstelle für Behinderte, Krebs- und AIDS-Kranke
Potsdamer Str. 8, 14163 Berlin
Fon 030 63215638 und 030 63215252

Tempelhof:
Beratungsstelle für Behinderte, Krebskranke und Chronischkranke
Rathausstr. 27, 12105 Berlin
Fon 030 75607294

Schöneberg:
Beratungsstelle für Krebs- und AIDS-Kranke
Erfurter Str. 8, 10825 Berlin
Fon 030 78762750

Köpenick:
Beratungsstelle für Krebskranke
Salvador-Allende-Str. 2–8, 12559 Berlin
Fon 030 6519212 und 030 6519080

Treptow:
Nachgehende Krankenfürsorge
Rudower Chaussee 4, Haus 14, 12489 Berlin
Fon 030 67012334 und 030 67012377

5. Tumorzentren in Berlin und Brandenburg

Tumor Zentrum Berlin e.V.
Robert-Koch-Platz 7, 10115 Berlin
Fon 030 2853890
Fax 030 28538940

Tumorzentrum Berlin-Charité Campus Mitte e.V.
Schumannstr. 20/21, 10117 Berlin
Fon 030 28022075
Fax 030 28028306

Tumorzentrum des Universitätsklinikums Charité
Campus Virchow-Klinikum e.V.
Augustenburger Platz 1, 13353 Berlin
Fon 030 45055 2001
Fax 030 45055 2900

Tumorzentrum des Universitätsklinikums Benjamin Franklin
Hindenburgdamm 30, 12200 Berlin
Fon 030 84454246
Fax 030 84454021

Tumorzentrum Berlin-Buch
Wiltbergstr. 50, 13122 Berlin
Fon 030 94012270
Fax 030 94014326

Tumorzentrum Berlin-Moabit e. V.
Turmstr. 21, 10559 Berlin
Fon 030 39763301
Fax 030 39763309

Tumorzentrum Krankenhaus Neukölln
Rudower Str. 48, 12351 Berlin
Fon 030 60042061
Fax 030 60043268

Tumorzentrum Spandau e. V.
Neue Bergstr. 6, 13578 Berlin
Fon 030 33872601
Fax 030 33871114

Tumorzentrum Land Brandenburg e. V. (ehemals ABTOSA)
Klinikum Ernst von Bergmann,
Charlottenstr. 72, 14467 Potsdam
Fon 0331 2416881
Fax 0331 2416880